全国高等职业教育课程改革创新教材

心理健康与幸福

主编 李海文

XINLI
JIANKANG YU
XINGFU

郑州大学出版社

图书在版编目(CIP)数据

心理健康与幸福/李海文主编. —郑州:郑州大学出版社,2017.6(2023.8 重印)
ISBN 978-7-5645-4296-2

Ⅰ.①心… Ⅱ.①李… Ⅲ.①大学生-心理健康-健康教育 Ⅳ.①G444

中国版本图书馆 CIP 数据核字(2017)第 114150 号

郑州大学出版社出版发行	
郑州市大学路 40 号	邮政编码:450052
出版人:孙保营	发行部电话:0371-66966070
全国新华书店经销	
河南龙华印务有限公司印制	
开本:787 mm×1 092 mm 1/16	
印张:10.75	
字数:261 千字	
版次:2017 年 6 月第 1 版	印次:2023 年 8 月第 3 次印刷

书号:ISBN 978-7-5645-4296-2　　　　定价:29.00 元

本书如有印装质量问题,请向本社调换

作者名单

主　编　李海文

副主编　宋建虹　高志华

编　委（按姓氏首字笔画为序）
　　　　　李海文　宋建虹　高志华
　　　　　阎贞花　韩易青　董凯霞

前言

健康是人生的第一财富。心理健康是指一种积极的心理状态,指具有正常的智力、积极的情绪、适度的情感、和谐的人际关系、良好的人格品质、坚强的意志和成熟的心理行为等。心理键康与一个人的成就、成才、幸福等关系重大。对大学生来说,心理健康是学业成就、事业成功、生活快乐的基础,是大学生成才的基础。幸福作为人们对生活的感受和评价,不是评价生活中某一偶然因素引起的暂时满足,而是对生活的一定阶段或者全部生活做出的总的评价。人总是在追求幸福,但只有在合理的价值目标的引导下,才能有一种真实的人生价值及真实的幸福感受。幸福不是物欲的满足,幸福是心灵的充盈和精神的充实。幸福不是被赋予的,而是自身在实践中获得的,是需要人的努力并付出一定代价的,人在不断追求自由、不断追求个人能力的全面发展的过程,也就是追求人生幸福,达到人生永恒的过程。

本书共分九章,分别介绍了大学生自我意识与心理健康、人际交往、学习与心理健康、压力管理与挫折应对情绪管理、职业生涯规划与择业心理、恋爱与性心理、网络与心理健康、心理危机应对与生命教育等,重点介绍培养健康心理的方法,养成健康心理的生活习惯。每章根据内容编排"学习目标""案例""故事点击""资料窗""知识链接""思考题"等资料,以趋向于读者的学习方式与认知规律。

本书的具体编写工作由山西老区职业技术学院教师担任,在编写过程中得到校领导、教务处及其他多位老师的帮助和支持,在此表示衷心的感谢。

编者
2017 年 3 月

目录

第一章　心理健康概述 ………………………………………………………… 1
第一节　心理健康概述 ……………………………………………………… 2
一、健康新概念 ………………………………………………………………… 2
二、心理健康的标准 …………………………………………………………… 3
第二节　大学生的心理问题及其调适 ……………………………………… 6
一、大学生常见的几类心理问题 ……………………………………………… 6
二、影响大学生心理健康的因素 ……………………………………………… 11
三、如何维护心理健康 ………………………………………………………… 13

第二章　大学生自我意识与心理健康 ………………………………………… 17
第一节　自我意识概述 ……………………………………………………… 18
一、自我意识 …………………………………………………………………… 18
二、自我意识的特征 …………………………………………………………… 19
三、自我意识的作用 …………………………………………………………… 19
四、大学生自我意识发展的特点 ……………………………………………… 20
第二节　大学生自我意识发展的困扰 ……………………………………… 21
一、大学生自我意识发展主要困扰的表现 …………………………………… 21
二、大学生自我意识发展困扰的原因分析 …………………………………… 23
第三节　大学生健康自我意识的培养 ……………………………………… 24
一、正确的自我认知 …………………………………………………………… 24
二、积极的自我悦纳 …………………………………………………………… 26
三、有效的自我调控 …………………………………………………………… 26
四、不断的自我超越 …………………………………………………………… 27

第三章　人际交往 ……………………………………………………………… 29
第一节　大学生人际交往及其特点 ………………………………………… 30
一、人际交往概念 ……………………………………………………………… 30
二、大学生人际交往的基本特点 ……………………………………………… 30

目录

   三、大学生人际交往的类型 ………………………………………… 32
  第二节 大学生人际交往的原则与途径 …………………………………… 33
   一、人际交往的原则 ………………………………………………… 33
   二、人际交往的艺术 ………………………………………………… 35
   三、学会解决人际冲突 ……………………………………………… 39
  第三节 建立和谐的人际交往 …………………………………………… 40
   一、人际吸引的影响因素 …………………………………………… 41
   二、建立健康的人际交往模式 ……………………………………… 43
   三、掌握人际交往的艺术 …………………………………………… 44

第四章 学习与心理健康 ……………………………………………………… 49
  第一节 大学生学习的特点 ……………………………………………… 50
   一、大学学习的专业性特点 ………………………………………… 50
   二、大学学习的自主性特点 ………………………………………… 50
   三、大学学习方式的多样性、选择性和广泛性特点 ……………… 50
   四、大学学习的实践性特点 ………………………………………… 51
  第二节 大学生学习能力的培养 …………………………………………… 51
   一、学会设定合理目标 ……………………………………………… 51
   二、提高学习的专注程度 …………………………………………… 52
   三、提高记忆的效率 ………………………………………………… 54
  第三节 常见的学习心理问题及调适 …………………………………… 56
   一、学习动机不当 …………………………………………………… 56
   二、学习资源管理失衡 ……………………………………………… 58
   三、学习无助感 ……………………………………………………… 59
   四、学习疲劳 ………………………………………………………… 60

第五章 压力管理与挫折应对情绪管理 …………………………………………… 63
  第一节 大学生的情绪特点及影响 ………………………………………… 64
   一、认识情绪 ………………………………………………………… 64
   二、大学生情绪的特点及影响 ……………………………………… 67
  第二节 情绪的自我管理 ………………………………………………… 76
   一、健康情绪概述 …………………………………………………… 76
   二、常见的情绪困扰 ………………………………………………… 76
   三、情绪的自我调节方法 …………………………………………… 79
   四、情绪的疏导方法 ………………………………………………… 80
  第三节 压力与挫折 ……………………………………………………… 81
   一、压力与挫折的概念 ……………………………………………… 81
   二、大学生产生挫折的原因 ………………………………………… 81

三、压力的作用与反应 ·· 83
第四节　应对压力的方法 ·· 87
一、应对压力的方法 ·· 87
二、培养抗压能力 ·· 89
三、做压力的主人 ·· 91
第五节　挫折的调适方法与技术 ·· 94
一、大学生常见的挫折与反应 ·· 94
二、大学生挫折调适方法与技巧 ·· 99

第六章　职业生涯规划与择业心理 ·· 103
第一节　大学生职业生涯规划概述 ·· 104
一、职业生涯规划的含义 ·· 104
二、大学生职业发展规划的阶段 ·· 105
第二节　大学期间职业生涯规划方略 ······································ 106
一、自我评估 ·· 106
二、职业发展目标的确定 ·· 107
三、发展阶段的设计 ·· 108
四、措施的制订 ·· 108
第三节　大学生择业中常见心理问题及调适 ························ 110
一、自傲心理 ·· 110
二、自卑心理 ·· 111
三、依赖心理 ·· 112
四、从众心理 ·· 112
五、虚荣心理 ·· 113
六、挫折心理 ·· 114

第七章　恋爱与性心理 ·· 116
第一节　正确认识爱情与恋爱 ·· 117
一、爱情 ·· 117
二、恋爱 ·· 118
三、树立正确的爱情观 ·· 119
第二节　大学生正确恋爱心理的培养 ······································ 119
一、大学生恋爱的心理特点 ·· 119
二、大学生恋爱心理的培养 ·· 121
第三节　大学生恋爱的困惑与调适 ·· 122
一、单恋 ·· 123
二、多角恋 ·· 124
三、失恋 ·· 125

目录

第四节　大学生的性心理困扰与调适 ……………………………………… 126
　一、大学生性心理的基本特点 …………………………………………… 126
　二、大学生性心理问题 …………………………………………………… 127
　三、怎样保持性心理健康 ………………………………………………… 128

第八章　网络与心理健康 …………………………………………………… 130
第一节　互联网与大学生 …………………………………………………… 131
　一、网络的特征 …………………………………………………………… 132
　二、大学生网络行为的心理需求 ………………………………………… 134
第二节　大学生网络心理障碍及其调适 …………………………………… 136
　一、正确认识网络 ………………………………………………………… 136
　二、学会自律 ……………………………………………………………… 137
　三、团体心理辅导 ………………………………………………………… 139
　四、改善网络环境 ………………………………………………………… 140
第三节　大学生网络成瘾的危害与对策 …………………………………… 141
　一、网络成瘾综合征的含义及表现 ……………………………………… 142
　二、网络成瘾综合征的诊断 ……………………………………………… 142
　三、网络成瘾综合征的心理原因 ………………………………………… 143

第九章　心理危机应对与生命教育 ………………………………………… 145
第一节　心理危机概述 ……………………………………………………… 146
　一、危机的概念与危机反应的阶段 ……………………………………… 146
　二、心理危机 ……………………………………………………………… 146
第二节　大学生心理危机及其干预策略 …………………………………… 147
　一、大学生心理危机的分类 ……………………………………………… 147
　二、大学生心理危机的表现 ……………………………………………… 148
　三、大学生心理危机的主要诱因 ………………………………………… 149
　四、大学生心理危机干预 ………………………………………………… 149
第三节　大学生生命教育与感恩教育 ……………………………………… 153
　一、生命的概述 …………………………………………………………… 153
　二、珍爱生命,活出精彩人生 …………………………………………… 155
　三、正确面对死亡,学会感恩 …………………………………………… 156

参考文献 ……………………………………………………………………… 158

第一章
心理健康概述

学习目标
1. 掌握心理健康的含义及大学生心理健康的标准。
2. 了解大学生常见的心理问题及其调适。
3. 掌握如何维护心理健康。

心理层面的健康与否会影响一个人对人生的看法。心理健康的人即使遭遇挫败,也能以积极向上的态度处之,不但不会损及其成就感和满足感,反而可使其生活更具挑战性,更能激发其创造力;反之,心理不健康者则会丧失信心,萎靡不振。当今社会正经历着急剧变化,大学生们也面临着前所未有的严峻挑战,他们在心理和生理上都承受着一定的压力。此外,大学生活一方面丰富多彩,另一方面信息"爆炸",大学生面临心理成长和生活应对的多重挑战。了解大学生常见的心理问题,有助于加强其自我心理保健意识,有助于其正确理解和应对心理行为偏差,以及积极接纳自我和关爱他人,为其成长之路拨开云雾。

案例:
若云(化名,女,大一新生)以超过一本线18分的成绩被调剂录取到省内一所普通二本高校,并且是自己不甚喜欢的专业,苦于已经复习过一年并且不想再浪费父母的钱才来就读。来到校园,她觉得学校一点都不像想象中的大气漂亮、书香满园,对课程安排和新的教学方式也很不适应,一直成绩优异的她面临即将开始的期末考试却害怕会挂科。开学三个多月了,若云几乎每天都是闷闷不乐,没精打采,觉得大学里面似乎找不到像高中几个闺密那样的好友,大家都是各自忙各自的事情。若云告诉咨询师:"我常常在想,宁愿回去再复习一年,考一个理想的大学。"

问题:
1. 这一同学主要的心理问题是什么?
2. 如何帮助她解决心理问题?

第一节 心理健康概述

一、健康新概念

(一) 现代健康的含义

世界卫生组织提出了现代社会关于健康的新的科学概念:健康不仅指一个人没有疾病或虚弱现象,还指一个人生理上、心理上和社会上的完好状态,即健康应包括生理健康、心理健康和社会适应良好三个方面,表现为个体生理和心理上的一种良好的功能状态,亦即生理和心理上没有缺陷和疾病,能充分发挥心理对机体和环境因素的调节功能,保持与环境相适应的、良好的效能状态和动态的相对平衡状态。其中,社会适应归根结底取决于个体生理和心理的素质状况,而心理活动和生理活动是相互影响、相互转化、相互依存的。生理健康是心理健康的物质基础,心理健康反过来又促进生理健康。身体状况的改变可能带来相应的心理问题,生理上的缺陷、疾病,特别是痼疾,往往会使人产生烦恼、焦躁、忧虑、抑郁等不良情绪,导致各种不正常的心理状态。良好的心理状态可以使生理功能处于最佳状态;反之,则会降低或破坏某种功能而引发疾病。作为身心统一的个体,生理和心理是紧密依存的两个方面。没有一种疾病是纯生理或纯心理的,无论哪一方面出现问题,另一方面都会受到影响。

(二) 健康观的发展

习惯上,健康主要是指躯体发育良好,生理功能正常,即没有疾病就是健康。如《辞海》中将健康定义为:"人体各器官系统发育良好、功能正常、体质健壮、精力充沛并具有良好带动效能的状态。通常用人体测量、体格检查和各种生理指标衡量。"这种健康观多限于生理健康,而很少考虑心理和社会方面的健康。随着医学的进步和卫生事业的发展,许多疾病得到有效的控制和治疗,人们对健康的认识和要求也相应提高了,不只是希望身体健康,更重要的是希望身心愉快,生活幸福。

(三) 心理健康的含义

1946年第三届国际心理卫生大会曾为心理健康下过这样的定义:"所谓心理健康是指在身体、智能以及情感上与他人的心理健康不相矛盾的范围内,将个人心境发展成最佳状态。"还具体指明心理健康的标志是:身体、智力、情绪十分调和;适应环境,人际关系中彼此能谦让;有幸福感;在工作和职业中,能充分发挥自己的能力,过有效率的生活。

一般认为心理健康主要是指人心理上一种持续、积极、有效率的状态。它包含两层含义：一是没有疾病。这是心理健康的基本条件，如同身体没有疾病是身体健康的最基本条件一样。二是有一种积极发展的心理状态。这是心理健康的最本质含义，它意味着要消除一切不健康的心理倾向，使一个人的心理处于最佳发展状态。

二、心理健康的标准

(一)国内外关于心理健康的主要观点

亚健康的概念

20世纪80年代中期，苏联Berkman教授以及后来的诸多学者通过研究后发现，人体除了健康状态(第一状态)和疾病状态(第二状态)之外，还存在着一种非健康非疾病的中间状态，称为第三状态或"灰色状态"，我国学者称之为"亚健康状态"。尽管近年来学者对亚健康的研究非常关注，但由于亚健康的内涵丰富，外延广泛，目前国内外的学术界对亚健康的概念等尚无公认的统一定义。一般认为：所谓亚健康，是指处于健康与疾病之间的中间状态，是一个过程。机体虽无明确器质性病变，但在躯体上、心理上和社会交往方面出现种种不适应的主观感觉和症状，严重影响着人们的生活质量，妨碍生活、学习、工作和事业。它可以长期地、潜隐地损害健康，最终走向疾病，也可因某种因素促发重症，甚至发生猝死。有资料表明，人群中符合世界卫生组织健康标准者约占15%，患有各种疾病者也约占15%，而处于亚健康状态者却占65%左右。

我国学者岳晓东提出"灰色区"理论。该理论认为：人的心理正常与异常没有一个明确的界限，而是一个连续变化的过程。如果把心理正常比作白色，把精神病比作黑色，那么，在白色与黑色之间有一个巨大的"灰色区"(图1-1)。

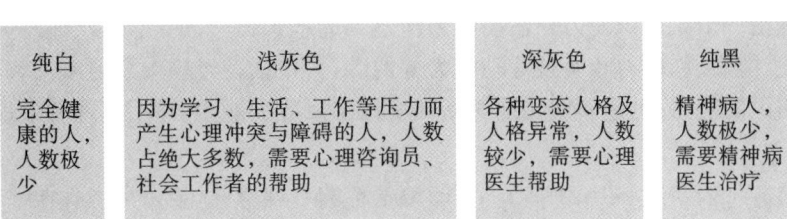

图1-1 心理健康"灰色区"理论

灰色区可谓非器质性精神痛苦的总和。灰色区又可进一步划分为浅灰色区和深灰色区：浅灰色区只有心理冲突而无人格变态，是心理咨询的对象；深灰色是各种变态人格和神经症,是心理治疗的对象。完全健康,即处于白色区的人是非常少的,大部分的人处于灰色区和黑色区。

心理健康的标准,不像生理健康那样具有精确的、易于度量的指标,它是随着社会文化、科学的发展而不断变化着。心理学家一般从个体适应环境的角度提出心理健康的标准,包括自我意识水平、情绪调控能力、挫折耐受能力、社会交往能力、环境适应能力等方面。下面介绍国内外几种主要的观点。

1. 美国著名心理学家马斯洛(A. Maslow)等提出的标准

人本主义心理学家马斯洛等提出了心理健康的十条标准:①充分的安全感;②充分了解自己,并对自己的能力做适当的评估;③生活的目标能切合实际;④能与现实环境保持接触;⑤能保持人格的完整与和谐;⑥具有从经验中学习的能力;⑦能保持良好的人际关系;⑧适当的情绪表达及控制;⑨在不违背集体要求的前提下,能做有限度的个性发挥;⑩在不违背社会规范的前提下,对个人的要求能给予恰如其分的满足。

2. 奥尔波特(G. Alport)提出的标准

心理健康与人格有着密切的关系,人格心理学家奥尔波特对心理健康提出了七条标准:①自我意识广泛;②良好的人际关系;③情绪上的安全性;④知觉客观;⑤掌握各种技能,并专注于工作;⑥现实的自我形象;⑦内在统一的人生观。

3. 国内学者的观点

国内著名心理学家王登峰等总结了各方面的研究结果,提出了评判心理健康水平的主要指标:①了解自我,悦纳自我;②接受他人,擅与人处;③热爱生活,乐于工作;④面对现实,接受现实,适应现实,改变现实;⑤能协调与控制情绪,心境良好;⑥人格和谐完整;⑦智力正常;⑧心理行为符合年龄特征。

(二)大学生心理健康的标准

大学生是一个特殊的群体,在年龄、知识结构、生活环境、学习和交往等方面有自己的特点。综合国内外专家学者的观点,根据大学生这一特殊群体的年龄特征、心理特征和社会角色特征,一般把大学生心理健康的标准概括为以下八条。

1. 智力正常

智力是指一个人认识能力与活动能力所达到的水平,是人的观察力、注意力、记忆力、想象力、思维能力、创造力和实践活动能力等的综合,包括在经验中学习或理解的能力,获得和保持知识的能力,迅速而成功地对新环境做出反应的能力,运用推理有效地解决问题的能力等。

智力正常是大学生学习、生活、工作的最基本的心理条件,是大学生胜任学习任务、适应周围环境变化所必需的心理保证,因此,智力正常是衡量大学生心理健康的首要标准。一般来说,大学生的智力是正常的,甚至相对于同龄人,其智力总体水平较高。衡量大学生的智力,关键在于看大学生的智力是否正常地、充分地发挥了效能,即有强烈的求知欲和浓厚的探索兴趣,智力结构中各要素在其认识活动和实践活动中都能积极协调地参与并能正常发挥作用,乐于学习。

2. 情绪健康

情绪健康的主要标志是情绪稳定和心情愉快。这是大学生心理健康的一个重要指标，因为情绪在心理变态中起着核心的作用，情绪异常往往是心理疾病的先兆。大学生的情绪健康应包括以下内容。

（1）愉快情绪多于不愉快情绪，一般表现为：乐观开朗，充满热情，富有朝气，满怀自信，善于自得其乐，对生活充满希望。

（2）情绪稳定性好，善于控制和调节自己的情绪，既能克制约束，又能适度宣泄，不过分压抑，使情绪的表达既符合社会的要求，也符合自身需要，在不同的时间和场合有恰如其分的情绪表达。

（3）情绪反应是由一定的原因引起的，反应的强度和引起这种情绪的情境相符合。

3. 意志健全

意志是人在完成一种有目标的活动时，所进行的选择、决定与执行的心理过程。意志健全者在行动的自觉性、果断性、顽强性和自制力等方面都表现出较高的水平。

意志健全的大学生在各种活动中都有自觉的目的性，能适时地做出决定，并运用切实有效的方法解决所遇到的各种问题，在困难和挫折面前能采取合理的反应方式，能在行动中控制情绪和言行，而不是顽固执拗、言行冲动、行动盲目、轻率鲁莽，或害怕困难、意志薄弱、优柔寡断。

4. 人格完整

人格在心理学上指个体比较稳定的心理特征的总和。人格完整就是指有健全统一的人格，即个人的所想、所说、所做都是协调一致的。大学生的人格完整的主要标志如下。

（1）人格结构的各要素，包括气质、能力、性格和理想、兴趣、动机、人生观等方面的完整统一。

（2）具有正确的自我意识，不产生自我同一性混乱。

（3）以积极进取的人生观作为人格的核心，并以此为中心把自己的需要、愿望、目标和行为统一起来。

5. 自我评价正确

正确的自我评价乃是大学生心理健康的重要条件。大学生是在与现实环境、与他人的相互关系中，在自己的实践活动中认识自己的。

一个心理健康的大学生对自己的认识应该比较接近现实，有"自知之明"。对自己的优点感到欣慰，但又不至于狂妄自大；对自己的弱点既不回避，也不自暴自弃，而是能够做出客观、恰当的评价；对自己也不会提出苛刻的、非分的期望和要求，同时努力发展自己的潜能。

6. 人际关系和谐

社会的人总是处在一定的社会关系中，大学生也同样离不开与人打交道。和谐的人际关系既是大学生心理健康不可缺少的条件，也是大学生获得心理健康的重要途径。大学生人际关系的和谐表现为：①乐于与人交往，既有稳定而广泛的人际关系，又有知心朋友；②在交往中保持独立而又完整的人格，有自知之明，不卑不亢；③能客观评价别人和自己，善取人之长补己之短；④宽以待人，乐于助人；⑤积极的交往态度多于消极态度；⑥交往动机端正。

7. 适应能力强

较强的适应能力是心理健康的重要特征,不能有效处理与周围现实环境的关系是导致心理障碍的重要原因。

心理健康的大学生,应能和社会保持良好的接触,对社会现状有较清晰正确的认识,思想和行为都能跟得上时代的发展步伐,与社会发展的要求相符合。当发现自己的需要和愿望与社会需要发生矛盾的时候,能迅速进行自我调节,以求和社会需要协调一致,而不是逃避现实,更不是妄自尊大,一意孤行,与社会需要背道而驰。

8. 心理行为符合大学生的年龄特征

大学生的年龄特征表现为精力充沛、勤学好问、反应敏捷、喜欢探索等,一个大学生应具有与自己年龄和角色相适应的心理行为特征。

第二节　大学生的心理问题及其调适

一、大学生常见的几类心理问题

根据美国心理学家埃里克森(E. H. Erikson)著名的人格发展阶段理论,青年大学生正处于获得亲密感、培养爱的品质、完善自我意识的发展阶段,同时面临着复杂的环境适应和深刻的角色转变。有专家将大学生面临的主要心理问题归纳为"三大压力"和"四大困扰"。"三大压力"是指学习压力、就业压力和经济压力。"四大困扰"分别是人际交往困扰、恋爱与性困扰、生活适应困扰和自我意识困扰。广泛的抽样调查结果和心理辅导实践表明,大学生中最常见的心理困惑主要包括人际交往问题、新生适应问题、恋爱与性心理问题、自我同一性问题、职业发展问题等。这些问题都属于"正常心理"的范畴,个体具备良好的自知力和解决问题的潜能,下面通过对一些典型案例的心理分析来帮助我们了解心理健康调适的基本方法。

(一)人际交往问题

人是"社会人",归属与爱的需要是人的基本需要,良好的人际关系与社会支持是维护心理健康的必要条件。对于处在发展亲密关系关键时期的大学生而言,择友价值观和沟通技巧等方面的困扰成为大学生群体中最为常见的心理困扰。

每个人都希望在群体中获得尊重和归属感,究竟如何做才能使我们成为一个备受欢迎的"万人迷"呢?

1. 真诚待人

人性本善,善的行为才能激发他人对友好的共鸣。真诚待人,做到真诚地倾听和理解他人,真诚地帮助他人,真诚地袒露自己,真诚地向他人学习或求助,是帮助我们获得青睐的关键之举。

2. 有效沟通

为了清楚地表达和传递自己的想法,准确地理解他人的心理活动,应该做到有效沟通,因此,我们要注意以下几点:第一,声调和身体语言决定沟通的效果,而不是文字;第二,说得对不对没有意义,说得有效果才最重要;第三,沟通的效果由对方决定,但是由自己控制,因为自己可以改变沟通的模式;第四,重复没有效果的沟通模式,只会使两人的关系更坏,坚持没有效果的做法,只会使关系破裂;第五,在乎对方的感受,先照顾对方的情绪;第六,每个人都有在某时某地拒绝沟通的权利,不尊重这份权利,只会使关系加剧破裂;第七,一个人不能改变另一个人,他只能改变自己,或者做一些事情使对方想改变,或者为自己做些安排,使得无论对方有没有改变,都不会影响自己的成功和快乐;第八,任何事情,至少有三种不同的做法,任何情况,至少有三种解决的办法。

3. 做好自己

为了被对方接纳,改变自身一些不良的行为习惯是值得倡议的,但是为了争取更多人甚至所有人的青睐而故意迎合或扭曲自己的价值观念,则常常会得不偿失,弄巧成拙。真诚的、快乐的、有意义的人际交往无须看人下菜,做好自己才是王道。

(二)新生适应问题

新的环境会给个体的心理和行为带来冲击,适应意味着包容和改变,涉及同化、顺化、平衡等复杂的心理过程,对于心理发展尚不成熟的大学新生,尤其在期望和现实之间存在落差或者缺乏相应准备的情况下,有可能经历一段时间的不适和困扰,这是正常的过渡期反应。若以此为契机,将其当作是进入大学门槛的第一道面试题,积极应对,则可帮助自身尽快融入大学生活,并获得一次跨越式的成长。

每个大学生刚刚步入校园都面临着对生活环境、学习方式、角色扮演等多个方面的适应。

1. 生活适应

进入大学,可能是第一次离开家乡到一个遥远的城市,可能是第一次离开父母独自料理日常生活,可能是第一次和来自四面八方、性格各异的同学共宿一个寝室……这些集中地向大学新生扑来,如果缺乏独立生活和人际交往的能力,则很容易遭遇适应困难的局面。面对这些冲击和挑战,大学新生应该保持一种真诚的态度去与人交流,保持一种好奇的态度去了解校园;自己不会的,就多求助于身边的同学,自己擅长的,就多帮助身边的同学;保持规律的作息,多参加一些集体活动充实自己的生活,同时与家人和老朋友分享自己的经历和心情,以加强自己的社会支持,帮助自己尽快适应新的生活环境。

2. 学习适应

一方面,有的同学对自己的专业不满意。针对这种情况,可以先详细了解本专业的培养计划、课程设置、就业方向等,通过一段时间的认真学习来理性确定是否愿意继续本专业。如果实在与个人兴趣相悖,那么可以积极关注学校转专业的办法和规定,争取按要求通过考试调换到自己理想的专业。假如转专业受限,也依然可以找到替代办法,比如选修自己喜欢的双学位专业,并保证本专业顺利通过考试即可。总之,摆脱埋怨和失落,积极找解决问题的办法,则一定可以帮助自己更好地适应。

另一方面,有的同学不适应大学较为松散、自由的管理,在没有压力和约束的情况下,学习的计划性和自主性降低,以致长时间或大面积荒废课程学习,面临考试挂科的窘境。有的同学甚至沉迷于网络游戏或社交娱乐。针对这种情况,可以充分利用图书馆丰富资源,通过课外阅读带动专业学习;常和拥有良好学习习惯的同学在一起或请他们提示自己;通过修读双学位、参加培训班或参加职业资格考试来提升自己学习的动力等。

3. 角色适应

有的同学认为大学的人际关系比较复杂,很难找到像中学或者童年时期那样的亲密朋友,实际上,这是因为大学生扮演的角色更加多重化,人际接触的范围更加宽广。同一位同学,他可能既是你的室友,又与你同是班委,还参加了同一个社团,或者还要一同参加某个比赛,其中有时可能是"队友",有时可能是"对手"。另外,同一位同学,可能既要和室友保持和谐亲密的关系,又需要和社团内其他院系的同学频繁接触,还需要和老师经常交往,如此,就增加了个体在角色扮演过程中所要投入的精力。良好的角色适应应该以真诚的态度与每一个人相处,乐于助人,并选择少数几个与自己志趣相投的同学保持亲密的支持关系,并不强求每个人都喜欢我们或被我们喜欢。

(三)恋爱与性心理问题

"英雄难过美人关",这句话表面上是指窈窕淑女君子好逑,实际上更说明了爱情对一个人的考验是最为深刻的。爱情是一种特殊的人际交往,其中充满了更多的激情和亲密,同时也充满了更多的承诺和责任。一份健康的爱情能够激发恋爱双方内心最深处的善良和潜能,而不健康的爱情则可能互相伤害。大学生的爱情除了需要迎接恋爱交往本身的考验,还面临着心理成熟和时间协调等多个方面的挑战。

大学里的爱情,有人说甜,有人说苦,大学生是否应该谈恋爱?大学恋爱又带给了我们什么?

1. 有缘则相会

如果要问"大学生是否可以谈恋爱",发展心理学的研究提供了很好的答案,埃里克森指出,成年早期(18~25岁)的发展任务主要是获得亲密感,避免孤独感,形成爱的品质。大学生正好处于这个年龄阶段,因而爱的萌动是身体和心理自然成熟的结果,当遇到两情相悦、互相欣赏的人,利用课余的时间发展恋爱关系是应该被支持的。但是,需要自我提醒的是,大学恋爱一定是要建立在相互尊重、欣赏的基础上的,盲目攀比、消除寂寞、自私占有等心态如果成为恋爱的初衷,最后必将伤害对方也伤害自己。大学生可以谈恋爱,但并非一定要谈恋爱。

2. 在爱中成长

有的同学因为恋爱耽误了学习,而有的同学却可以因为恋爱而相互促进学习;有的同学可以将大学美好的恋爱带入婚姻殿堂,而有的同学却需要频繁分手;有的同学在失恋后懊悔怨恨不已,而有的同学即使分手也能互相祝福。如果简单地认为恋爱就是表白自己的爱并获得对方的爱甚至性,那么当这些行为受挫时,就容易充满悔恨,甚至攻击对方或寻求替代补偿,或者在没有整理好情绪的状态下再次投入另外一段感情,继而重蹈覆辙,对爱失望。心理学认为,一段健康的、有价值的恋爱关系应该具有三个导向:一是使恋爱双方更加了解自己;二是使恋爱双方更加懂得如何去爱一个人;三是能够较为持久稳定并向婚姻的方向发展。大学生谈恋爱应努力追寻这些价值,通过恋爱更加了解自己的性格,了解自己喜欢和适合的恋人类型,懂得去关心和爱对方,学会更好地表达自己和与对方交流,培养自身的责任感等。只要在爱中获得成长,即使因为各种客观原因而感情破裂,也不会怨天尤人或自我伤害,而会珍藏这段美好的记忆,感激恋爱和恋爱中的他(她)。

3. 尊重性的圣洁

有的同学在恋爱过程中经不起性的诱惑偷尝禁果,虽然这是身体本能冲动的驱使,并短期内会获得满足感和亲密感,但从社会调查和心理辅导的实践来看,大学生婚前性行为普遍在后期给当事者带来强烈的心理冲击,甚至情绪创伤。有的女生希望通过奉献身体来巩固感情,而男生"得到"之后可能对感情的投入反而减少。有的男生在好奇和懵懂的情况下与女生发生了性行为,之后却反复拷问和埋怨自己,或者因为缺乏足够的心理能量承担责任而突然回避和冷落女生,致使爱情在痛苦中破裂。大学生正处在成年早期,良好的爱的品质、坚强的责任心和稳定的价值观尚未完全形成,过早的性接触往往会给恋爱双方留下心理阴影,破坏纯洁稳定的恋爱关系,有的甚至在婚后出现爱情观的扭曲。因此,尊重性的圣洁,避免过早的性接触,无论对于感情的维持还是人格的发展都具有积极的意义。因为,任何真爱一个女生的男生都不会因为女生拒绝婚前性接触而变得不爱她,相反,会更加信任和珍惜这样的女生。当然,对于情至深处已经发生性关系的情侣而言,重要的不是悔不当初,而是应坦然接纳自己,珍惜彼此,用心经营一份激情、亲密与承诺兼备的长久的爱情。

(四) 自我同一性问题

尽管埃里克森认为培养自我同一性是青春期的主要任务,但事实表明,大学生中性格认同和自我接纳带来的困扰延续到成年早期还较为普遍,究其原因可能是因为大学接收的社会信息和同伴影响更加丰富多变,以致稳定的价值观和性格认同将在较晚时期形成。良好的性格认同和自我接纳不仅是评估个体心理健康的重要标准,同时也是个体发展外部和谐关系的核心内驱力,只有"爱"自己的人,才能爱他人,爱环境,爱成长。

1. 气质特点无好坏

根据内向和外向的程度、情绪的兴奋和抑制水平,心理学把人的气质分为多血质、胆汁质、黏液质、抑郁质四大类型。其中多血质表现为外向、活泼、善于交际、情绪外露、体验不深刻等;胆汁质表现为外向、冲动、反应迅速、情绪激烈等;黏液质表现为内向、情绪稳定、充满耐心等;抑郁质表现为内向、言行缓慢、情绪丰富、优柔寡断等。有的人把交往受挫和不自信等一系列问题归咎于性格内向,于是讨厌内向,希望能变成一个外向活泼的人。实际上,气质中的内外向极大程度上是天生的,而且没有好坏之分,内向和外向都可以受到别人的欢迎,都有机会成为"好性格"。历史上和生活中有很多德高望重、辉煌成功的人士就是性格内向者。如果你是一位性格内向者,正为性格内向而忧愁时,不妨全面、客观、仔细地观察一下外向者的生活,你会发现,外向者也许正为性格外向而烦恼。成功和受欢迎的关键在于是否了解自己、悦纳自己,扬长避短,发挥优势,让自己的性格每天变美"一厘米"。

2. 在自卑中寻求超越

一天,心理学教授去上课,他问台下一百多名学生:"认为自己从小到大从来没有任何一个方面让自己自卑过的同学请举手。"奇怪的是,只有两位同学举起了手,而且埋头思考了半分钟又放下了。自卑看起来是一个负性的东西,是让我们封闭和退缩的理由。实际上,自卑普遍存在于每一个人身上,只是表现的形式不一样,有的人孤僻疏离,有的人虚荣掩饰,有的人沉浸过往,还有的人奋起改变。奥地利心理学家阿德勒(Alfred Adler)在《自卑与超越》中指出:"自卑感不是某些人的专有感觉,每个人都或多或少地会感到自卑,自卑感深埋于人类文明文化之中,自卑情结甚至构成了人类文明和日常生活的基础。自卑既是一种能量的限制,又蕴含着巨大的能量。有些人被自卑限制终身,有些人却因为自卑感而激发出巨大的潜能,对社会做出了不可估量的贡献。"因此,自卑本身不是病态,如何认识、克服和超越自卑感,能否借助自卑感强大的推动力来获取积极的补偿和升华,才是决定性格与人生的关键所在。有的人因为从小体弱多病而不断钻研,最后成为著名的医学专家;也有的人因为家境贫困而发愤图强,逐渐变成资产庞大的企业家……

3. 找到自己的亮点

人的性格就好像硬币的两面,总有优势的地方和不足的地方。如果我们仅仅纠结于自身的缺点,也许经过很长时间这些缺点会有所改正,但常常感受到的是对自己的不满和改变的艰难,甚至失败。倘若我们多关注自身的优点,并且通过行动实现其价值,那么我们收获的是成功、快乐和自我悦纳。生活中,要常常鼓励自己:找到我的亮点,让自己发光,才能照亮我追求完善的路。

4. 做适合自己的"整形"

除了良好的自我接纳,当然也需要努力去发展和完善自己,改正生活中的一些小毛病,学习一些他人的成功经验,选择适合自己的方向去改变,做适合自己的"整形"。

(五)职业发展问题

从小到大,每个人都有过很多梦想,最终哪些梦想能成为现实,哪些梦想沦为幻影,取决于我们的选择和坚持。有人指出,大学生在毕业前夕由职业选择引发的状态和男女婚前心理状态比较相似,充满紧张和焦虑,职业发展问题是大学毕业生中十分常见的一类心理困扰。大学的过程,应该是一个逐步了解自己和了解社会的过程,在这个过程中只有知己知彼,才能百战不殆。

1. 谁偷了我的决策力

如果说犹豫包含一定的性格成分,那么茫然则必定是因为缺乏自我了解、具体规划和充分准备。"少壮不努力,老大徒伤悲"似乎可以改写为"大学不努力,毕业徒伤悲"。因此,大学生应该努力通过各种途径加强自我了解,包括性格特点、优势与不足、兴趣与要求等;提前做好个人规划,包括职业生涯规划、日常生活规划等;同时据此充分准备,丰富自己的生活,做一个多彩的人。优秀毕业生的成功经验表明,参加1~2个最感兴趣的学生社团、接受一些心理测试、选修或自学职业生涯规划课程、经常参加主流学术讲座、和自己内心欣赏的人多相处等,有助于帮助我们收获一段精彩的大学生活。巧妇难为无米之炊,不打无准备之仗,只有充实的内心才能够让我们在决策时刚毅果断。

2. 考研不减就业压力

近年来,参加硕士研究生入学考试的大学生数量逐年递增,究竟是求知心切还是就业压力惹的祸?研究生教育在拓展理论视野、深化专业知识、提升研究和应用水平方面具有重要的意义,但并不代表研究生的就业率一定高于大学生,在小范围内甚至还出现研究生的就业情况不如某些大学生。这是因为,研究生对就业的期望值普遍高于大学生,但个人的综合素质和实践能力却没有得到和文凭同步的提升,导致在市场竞争激烈的应聘过程中失利。当然,并非不鼓励大学生考研,而是在加入考研大军之前有一点必须认识清楚:考研并非回避就业压力的良药,不能因为害怕就业而转入考研,大学生应该直面就业压力并争取从中脱颖而出,或者在读研期间不断提升自己的综合竞争力。

二、影响大学生心理健康的因素

（一）社会因素

学校是社会的缩影,学生是社会的成员,社会政治经济的发展变化是影响大学生心理健康的首要因素。我国当前正处于社会转型期,科技经济的快速发展、社会结构的剧烈变化、多元文化的冲击、工作生活方式的改变以及在此过程中出现的如假文凭、假证件等不良社会现象深深地影响着大学生人生观和价值观的形成。同时,社会各个领域的竞争更加激烈,大学生就业形势严峻,社会上存在重文凭、重学历、重学校品牌的现象和趋势,这给大学生造成了巨大的就业压力,从而影响其心理健康。特别是社会对职业院校大学生存在一定偏见,不能将其与普通高校学生同等对待。在相当一部分人看来,职业院校大学生是高考中的后进生,这在一定程度上挫伤了职业院校大学生的积极性,使其滋生了自卑心理,从而使他们在社会面前、在个人成长的道路上处在两难境地。

（二）家庭因素

家庭是人生的第一课堂,是"制造人格的工厂"。家庭的环境、家庭成员之间的关系、子女的教养方式等对大学生的健康成长产生着重要的影响。研究表明,如果个体从小生长在单调、贫乏的家庭环境中,其心理发展将受到阻碍,并且会抑制他们潜能的发挥。如果个体在经常充斥着争吵甚至武力,缺少爱的家庭氛围中长大,会导致其信任感缺乏,过于敏感、多疑,往往表现出自私、敌视等心理,难以和同学、老师建立和谐、信任的人际关系。另外,因为有些大学生身为独生子女,或因家庭经济问题等与他人有差异,也会对其心理健康产生一定影响。

健康、和谐的亲子关系对大学生健康成长同样具有重要作用。如果在早期与父母建立良好的关系,对其以后的社会适应和人际关系有着积极的促进作用。相反,如果儿童在早期不能与父母建立亲密的关系,或者由于父母离异过早而与父母分离,都会对他们今后的成长产生消极影响。研究表明,在人的早期发展中,父母的爱、支持和鼓励容易使个体建立起对初始接触者的信任感,而这种信任感和安全感的建立保证了子女成年后与他人的顺利交往。反之,会很难与他人进行正常的沟通,缺乏安全感,形成一种孤独、无助的性格,因而容易在人际交往等方面出现障碍。

父母对子女的教养方式,也直接关系到子女的健康成长。在中国,父母对子女的期望值过高,特别是子女上大学成为他们的普遍期望,并经常采取过分保护和过分严厉的教养方式,使子女承担着过重的心理压力,或过分依赖,或过分自我谴责,难以客观地评价自己,不能恰当地面对学习与生活目标,以及有效地解决遇到的各种问题。

(三)学校因素

学校是大学生学习与生活的主要场所,学校的教育、教师、环境等对大学生健康成长具有重要影响。大学的饮食习惯、气候条件和语言习惯、作息制度、卫生习惯等与中学时相比都发生了很大变化,这些都使大学生尤其是新生感到不熟悉、很陌生,对他们的环境适应能力和独立生活能力提出了更严峻的挑战,另外,在大学生学习与生活中,失恋、考试失败等生活事件同样会对大学生心理健康产生直接影响。

良好的教育环境是大学生健康成长的重要保障。教师的教育方式和言行、同学之间的人际关系、学校的心理健康教育水平、全面而灵活的学生考核评价、校园文化等,都对大学生的健康成长具有重要作用。良好的学校教育、教师的言传身教、丰富多彩的校园文化活动,有助于大学生树立正确的世界观、人生观、价值观。健康和谐的师生关系、同学关系,为大学生进入社会奠定了坚实的基础。但是,现在职业教育学校普遍存在重专业技能教育、轻心理健康教育的现象,同时学校心理健康教师队伍力量薄弱,课程设置不合理,导致学校心理健康教育没有充分发挥作用。另外,学校专业课程设置不合理,大学生学习兴趣降低,直接诱发了大学生的学习问题和心理问题。

(四)自身因素

从个体心理的角度而言,大学生的心理问题往往与他们不良的人格倾向有很密切的关系。影响大学生心理健康的不良人格倾向或与人格密切相关的因素主要有认知方式、情绪、性格等。

(1)认知方式。个体心理健康的重要标志是能够正确地认知自我,客观地评价自我,有效地应对各种困难和压力。同样的环境、同样的挫折,不同的个体有不同的认知和应对方式,结果也就截然不同。以辩证的思维认知方式看待问题,可以增强个体的心理承受能力,使人平静地看待成败、正确地面对挫折,保持健康的心理状态。而大学生由于阅历浅,社会经验不足,独立生活经验不够,对社会、对自己常常缺乏正确而全面的认识,不能客观、辩证地看待自己的不足和遇到的困难,经常采取孤立、不变、片面的思维方式看待问题,不能有效应对各种困难和挫折。大学生的自我认知极易出现两极分化:取得一点成绩时容易自负,遇到挫折时容易自卑。

(2)情绪。现代心理学和医学的研究成果表明,情绪对人的心理健康具有直接的影响。而处于青春期的大学生,情绪正是最动荡和最复杂的时期,一些学者称其为"青少年波澜壮阔的时期"。这一时期,情绪特征具有明显的两极性,理性与感性并存,情感丰富、强烈并复杂,年轻气盛,控制和调节情绪的能力比较弱,心境易受环境变化的影响。在富有激情的状态下,往往ं缺乏冷静的思考,容易走向极端。与此同时,大学生在求学期间会受到来自社会、师生、家庭等多方面的影响,面对各种不同的学习与生活问题和恋爱、人际交往等生活事件,因而必将经历丰富的情绪体验。

(3)性格。性格决定一个人待人接物的方式,决定一个人的思维方式和行为方式,决定一个人的心理承受能力。大学生性格已日趋成熟,但是每个人都会或多或少存在不完善的地方,而且部分大学生的性格存在一些缺陷,如以自我为中心、自私、骄横、孤僻、懒惰、怯懦、自卑、脆弱、狭隘、冲动、易偏激,这些会对大学生的学习、人际交往等认识行为产生负面影响,从而引发大学生的心理问题,甚至心理疾病。

三、如何维护心理健康

(一)正确认识自己,树立正确的人生观和价值观

自我概念是个体关于自我及其与周围环境关系的多方面、多层次的认知和评价。自我概念不仅影响个体对现实的基本态度和看法,以及对未来的理想和信念,培养积极的自我概念对个体的心理健康和人格完善具有重要的意义。大学阶段正处于青年到成年的转折时期。大学生的自我概念在这个时期经历着一个特别明显的、典型的分化,是矛盾和统一的过程,同时也是自我概念问题较多的时期。大学生要学会客观看待自己的优点和缺点,充分发挥自己的优势,同时要正确面对自己的缺点和不足,并努力去弥补以完善自己。要积极接纳自己,无论是好的或坏的、成功的或失败的、有价值的或无价值的;要乐观、开朗,以发展的眼光看待自己,既不以虚幻的自我来补偿内心的空虚,自欺欺人,也不消极回避自身的现状,更不能以哀怨、自责甚至厌恶来否定自己。在自我接纳的基础上,培养自信、自立、自强、自主的心理品质,从而不断发展自我、提高自我。

大学生要树立远大理想,刻苦学习,努力提升自己的理论水平和实践能力,为国家繁荣富强贡献自己的力量。要积极接纳周围的老师和同学,正确看待老师和同学对自己的评价。要学会客观理性地分析社会上的各种现象,自觉抵制各种错误思想。要正确处理恋爱和学习、恋爱和道德的关系,树立健康的恋爱观。

(二)加强学习实践,提高自我调节的能力

人的一生就是在学习和实践的反复中不断完善、不断提高的过程。因此,大学生在学好理论知识的基础上,加强社会知识学习,广泛涉猎哲学、社会、逻辑学、心理学、医学等方面的知识,掌握科学的世界观和方法论,用客观的、全面的、发展的观点认识、看待、分析和处理问题。要加强实践锻炼,积极参加各类社会活动,广泛借鉴老师和同学的经验,实践中不断提高自己,完善自己,增强自己应对各种情况和问题的能力。

要学会调节自己的情绪。人有喜怒哀乐,每个人在面对各类事件时,总会表现出一定

的情绪反应。大学生要学会调节自己的情绪，特别是要学会应对负面情绪，合理地释放不良情绪，适当地宣泄，经常保持一种愉快、乐观的积极情绪状态。在被激怒时要疏导、平静，在忧愁时宜释放、自解，在焦虑时应分散、消遣，在悲伤时要转移、娱乐，在恐惧时要寻求支持、帮助，在惊恐时要镇定、沉着。

要增强自己的意志力。坚强的意志力是个体成功的关键因素之一。大学生要正确认识和勇敢面对生活中的困难和挫折，主动刻意地训练，提高自己克服困境、失败的能力。正确看待成功和失败，学会从成功中积累经验，从失败中汲取教训，化消极因素为积极因素。正确看待压力和挑战，学会变压力为动力，在挑战和失败中激发自己求胜的欲望，帮助自己不断取得更大更多的成功。

(三) 主动寻找社会支持，建立和谐稳定的人际关系圈

人是社会中的人，具有强烈的集体归属感，在成长的过程中需要社会的支持和帮助。其中，家庭是大学生社会支持的主要来源，良好的家庭氛围、家庭成员关系为大学生提供了坚强的情感支撑和心理安慰，是大学生心灵的港湾和修复心灵创伤的良药。家长要平等对待自己的孩子，尊重和理解孩子，为大学生创造自由与宽松的成长环境。

同时，良好的人际关系对大学生心理健康的维护具有重要作用。大学生在老师和同学那里可以获得安慰、关心、支持、鼓励和信任，从而有效地缓解心理压力和降低情绪反应，增强心理调节能力。因此，大学生要积极主动地与老师和同学加强沟通交流，与老师、同学坦诚相见，相互理解，相互帮助，与他人同心协力、合作共事，建立健康、稳定的师生关系和同学关系。在实践中，大学生要不断加强人际交往锻炼，克服恐惧心理，掌握交往技巧，提高交往能力。

另外，大学生在无法处理自身的心理问题时，还可以主动寻求心理咨询师的疏导和帮助。在心理咨询师的引导下，矫正主观认识，发挥内在潜力，消除心理障碍，明确前进方向，化解不良情绪和行为反应，最终获得心理上的成长。

(四) 加强自我管理，培养良好的学习与生活习惯

良好的习惯和自我管理能力是成功的必要条件。生活在相对自由、宽松的大学校园里，大学生必须增强自我管理意识，提高自我管理能力，养成良好的学习与生活习惯。

第一，要合理地安排作息时间，形成良好的作息制度。因为有规律的生活能使大脑和神经系统的兴奋和抑制交替进行，天长日久，能在大脑皮层上形成动力定型，这对促进身心健康是非常有利的。因此，大学生要严格遵守学校的学习生活制度和学校纪律，合理安排自己的时间，不断充实自己的业余生活，让自己的生活忙碌而不盲目，充实而不疲惫。要学会科学利用网络，避免沉溺于网络。

第二，要丰富自己的学习生活。大学校园生活是丰富多彩的，除了学习之外，大学生应该积极参加文化体育活动和社会实践活动，这样不但可以缓解刻板紧张的生活、放松心情、增加生活乐趣，还有助于提高学习效率，增强自身综合素质。大学生要主动适应大学的学习生活，在学好知识、技能的同时，注重提高自身的综合能力，加强体育锻炼，积极参加社会实践活动和校园文化活动。要有意识地培养自己广泛的兴趣、爱好，不断增加学习

生活的丰富性和多样性,养成积极、向上的生活作风。

第三,要保证合理的营养供应,养成良好的饮食习惯。大学生普遍存在饮食不良习惯,主要表现在两个方面:一是饮食不规律;二是暴饮暴食。因此,要有意识地改变自己的不良饮食习惯,树立科学、健康的饮食观,从而保证自身健康的体魄。

第四,要树立严谨、认真的学风和艰苦朴素的作风。学习是件严肃的事情,容不得半点疏忽。因此,大学生要本着对科学、对自己负责的态度,树立正确的学习观,明确学习目标任务,勤奋好学,持之以恒,谦虚好问;要广泛学习各种科学知识,刻苦钻研专业知识,吸收和接纳新的科学知识,敢于质疑原有的理论观点,敢于批判错误的观点和认识,并在原有基础上不断创新、发展。要充分发扬中华民族艰苦奋斗的优良传统,勤俭节约、艰苦朴素,坚决反对铺张浪费的行为。

思考题

你觉得自己心理健康吗?

测试说明:

对以下40道题,如果感到"常常是",画√号;"偶尔"是,画△号;"完全没有",画×号。

1. 平时不知为什么总觉得心慌意乱,坐立不安。

2. 上床后,怎么也睡不着,即使睡着了也容易惊醒。

3. 经常做噩梦,惊恐不安,早晨醒来就感到倦怠无力、焦虑烦躁。

4. 经常早醒1~2小时,醒后很难再入睡。

5. 学习的压力常使自己感到非常烦躁,讨厌学习。

6. 在课堂上不能专心致志,往往自己也搞不清在想什么。

7. 遇到不称心的事情习惯沉默少言。

8. 感到很多事情不称心,常常无端发火。

9. 哪怕是一件小事情,也总是放不下,整日思索。

10. 生活中没有什么事情能引起自己的乐趣,郁郁寡欢。

11. 老师讲概念,常常听不懂,有时懂得快,忘得也快。

12. 遇到问题常常举棋不定,迟疑再三。

13. 经常与人争吵发火,过后又后悔不已。

14. 经常追悔自己做过的事,有负疚感。

15. 一遇到考试,即使有准备也紧张、焦虑。

16. 一遇挫折,便心灰意冷,丧失信心。

17. 非常害怕失败,行动前总是提心吊胆,畏首畏尾。

18. 感情脆弱,稍不顺心,就暗自流泪。

19. 自己瞧不起自己,觉得别人总在嘲笑自己。

20. 喜欢跟比自己年幼或能力不如自己的人一起玩或比赛。

21. 感到没有人理解自己,烦闷时别人很难使自己高兴。
22. 发现别人在窃窃私语,便怀疑是在背后议论自己。
23. 对别人取得的成绩和荣誉常常表示怀疑,甚至嫉妒。
24. 缺乏安全感,总觉得别人要加害自己。
25. 在参加春游等集体活动时,总有孤独感。
26. 害怕见陌生人,人多时,自己一说话就脸红。
27. 在黑夜行走或独自在家时有恐惧感。
28. 一旦离开父母,心里就不踏实。
29. 经常怀疑自己接触的东西不干净,反复洗手或换衣服,对清洁极端注意。
30. 担心是否锁门和可能着火,反复检查,经常躺在床上又起来确认,或刚一出门又返回来检查。
31. 站在曾经有人自杀的场所、悬崖边、大厦顶或阳台上,有摇摇晃晃要跳下去的感觉。
32. 对他人的疾病非常敏感,经常打听,生怕自己也身患同病。
33. 面对特定的事物、交通工具(电车、公共汽车等)、尖状物及白色墙壁等稍微奇怪的东西就有恐怖倾向。
34. 经常怀疑自己发育不良。
35. 一旦与异性交往就脸红、心慌或想入非非。
36. 对某个异性伙伴的每一个细微行为都很注意。
37. 怀疑自己患了癌症等不治之症,反复看医书或去医院检查。
38. 经常无端头痛,并依赖止痛药或镇静药。
39. 经常有离家出走或脱离集体的想法。
40. 感到内心痛苦无法解脱,只能自伤或自杀。

计分方法:√得 2 分,△得 1 分,×得 0 分。

参考解释

分数	程度分析
0~8 分	心理健康
9~16 分	虽属于健康的范围,但应有所注意,也可以找老师或同学聊聊天
17~30 分	在心理方面有一些障碍,应采取适当的方法予以调适,或求助于心理辅导老师
31~40 分	黄牌警告,有可能有某些心理疾病,应找专门的心理医生检查和治疗
41 分以上	有较严重的心理障碍,应及时找专门的心理医生治疗

第二章
大学生自我意识与心理健康

学习目标
1. 掌握自我意识的概念和作用;良好自我意识的培养。
2. 熟悉大学生自我意识发展的困扰。
3. 了解自我意识的特征。

在希腊一座古老的神殿上,镌刻着这样一句话:"认识你自己。"中国古语也教导我们:"人贵有自知之明。"人从出生到死亡,都在寻找自我,实践自我,超越自我。青年阶段是个人意识急剧增长、迅速发展和趋于完善的重要时期。当代大学生的自我意识正经历一个特别明显的、典型的分化、矛盾、统一和转化的过程。在这个过程中,经常会遇到矛盾、冲突等。心理学家艾克森克把这一时期称为"自我认同危机期"。大学生也正是通过解决自我认同的危机,才获得了心理的发展和人格的成熟。

案例:
某医院到学校来招毕业生时,小李去面试,可没有几分钟就被淘汰下来了。据了解,小李是因为得知与其一起来应聘的有好多同班和外班的"高手",深信自己比不过他们,一时间信心全无,甚至想打退堂鼓,结果很快就被淘汰下来了。
问题:
1. 这一同学主要的心理问题是什么?
2. 如何帮助他解决心理问题?

第一节 自我意识概述

一、自我意识

自我意识是意识的一种形式,指一个人对自己存在的觉察,即自己认识自我的一切,包括自我的生理状况(如身高、身材、形态等)、心理特征(如能力、气质、性格、兴趣等)及人际关系(如人己关系、群己关系等)三个层次的认识。简言之,自我意识就是自己对于所有属于自己身心状况的认识,是一个人对自己以及自己与周围世界关系的认识,尤其是人我关系的认识。

(一)从形式上分

自我意识表现为认知的、情感的和意志的三种形式,分别称为自我认识、自我体验和自我调控。

1. 自我认识

自我认识属于自我意识的认知成分,是一个人对自己的认识,回答的问题是"我是谁""我是个什么样的人"等。它包括自我感觉、自我观察、自我分析、自我概念、自我评价等。美国心理学约翰和哈里提出了关于自我认识的理论,被称为乔韩窗口理论。他们认为人对自己的认识是一个不断探索的过程,因为每个人的自我有四个部分:公开的自我、盲目的自我、秘密的自我和未知的自我(图2-1)。通过与他人分享秘密的自我,通过他人的反馈减少盲目的自我,对自己的了解就会更加客观全面。

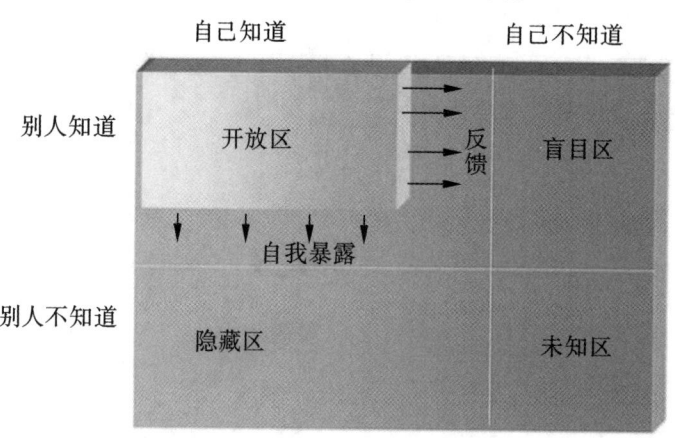

图2-1 乔韩窗口理论

2. 自我体验

自我体验属于自我意识的情感成分，是伴随着自我认识产生的内在感受，反映对自己的满意状况。主要涉及"我是否喜欢自己""我是否满意自己"等，主要是一种自我的感受。包括自尊感、自卑感、自豪感、自信、内疚等，其中自尊感是自我体验中最主要的方面。

3. 自我调控

自我调控属于自我意识的意志成分，是一个人对自身的心理与行为的主动支配和掌握，即指一个人不受外界因素的干扰，能自觉调节自己的情感冲动和行为。

（二）从内容上分

自我意识一般包括以下三方面的内容。

1. 生理自我

生理自我，即对自身生理状态的认识和评价。指一个人对自己身高、体重、容貌、身材、性别等的认识以及生理病痛、温饱、疲惫的感受等。如果一个人对生理自我不能接纳，嫌自己个子矮、不漂亮、身材差，就会讨厌自己，表现出自卑和缺乏自信。

2. 心理自我

心理自我，即对自身心理状态的认识和评价。指一个人对自己知识、能力、情绪、兴趣、爱好、性格、气质等的认识和体验。如果一个人对自己的心理自我评价低，嫌自己能力差、智商不高、情绪起伏大、自制力差、性格不成熟，就会否定自己。

3. 社会自我

社会自我，即对自身社会状态（自己与周围关系）的认识和评价。指一个人对自己在群体中的地位、作用以及对自己和他人相互关系的认识、评价和体验。如果一个人认为自己不善于交流和沟通，周围的人不喜欢自己，不接纳自己，没有知心朋友，就会感到很孤独、很寂寞。

二、自我意识的特征

自我意识是人所特有的一种复杂的心理现象，但它不是与生俱来的，它有个发生、发展过程。自我意识具有社会性、能动性、同一性和形象性四个主要特征。

三、自我意识的作用

1. 自我意识是认识外界客观事物的条件

一个人如果不知道自己，也无法把自己与周围相区别时，他就不可能认识外界客观事物。

2. 自我意识是人的自觉性、自控力的前提，对自我教育有推动作用

人只有意识到自己是谁，应该做什么的时候，才会自觉行动。一个人意识到自己的长处和不足，就有助于他发扬优点，克服缺点，取得自我教育的积极效果。

3. 自我意识是改造自身主观因素的途径

它能使人不断地自我监督、自我修养、自我完善。可见,自我意识影响着人的判断和个性的形成,尤其对个性倾向性的形成更为重要。

练一练:

自我悦纳训练

我的缺点	可以转化为相应的优点
缺乏激情	冷静
易冲动	容易抓住来之不易的机会
爱面子	自尊心强、有自信
急躁	做事迅速、有效率、有激情
太容易相信人	善良、不做作、纯真
有时固执	坚持正确的观点,最后必胜
爱耍性子	情绪宣泄,不易生病
特别内向	善于思考
好出风头	善于推销自己

四、大学生自我意识发展的特点

(一)自我意识的发展与特点

每个人对自己的意识都不是一生下来就有的,而是逐步形成和发展起来的。人首先是形成对外部世界、对他人的认识,然后才逐步认识自己。自我意识是在与他人交往的过程中,根据他人对自己的看法和评价发展起来的,这个过程在我们的一生中一直进行着,如果说每个人都是一个心灵画家,那么这个画家的水平是逐渐提高的。当他能意识到自己的身体特征和生理状况,并且能认识和体验到内心进行的心理活动,以及感受到自己在社会和集体中的地位和作用时,这张画像就基本完成了。

自我意识发展的特点主要体现在以下三方面。

1. 自我认识的内容更加深刻和丰富,强烈关心自己的发展

心理学家斯普兰格指出,青年期是开始"自我发现"的新时期,表现在以下几个方面:

(1)关于自己是否是成人的自我意识。如:我是个成人吗?我的行为符合成人要求吗?

(2)关于自己美丽的自我意识。如常在镜子面前评价自己。

(3)关于自己能力、性格的自我意识。如:我聪明吗?我温柔吗?我是一个诚实的人吗?

(4)关于性的自我意识。如:我的男性特征明显吗?女生喜欢我吗?怎样才招异性喜欢?

(5)关于社会归属与社会地位的自我意识。如:我被重视吗?我在班上名气大吗?

(6)关于对人生价值的自我意识。如:人为什么活着?人生的价值与意义是什么?我要成为一个怎样的人?

2.自我体验丰富复杂

大多数同学喜欢自己,对自己满意,独立、自信、好胜。同学们的情绪丰富而敏感,常常因为一些小事就能引起强烈的情感,关注自己在别人心目中的形象与地位,关心别人对自己的看法,别人的点滴评论往往会在自己心头掀起轩然大波。情绪具有波动性,可能因一时的成功而产生积极的、愉快的情感体验,对自我的肯定就多些,充满了自信,甚至骄傲自满;可能因一时的挫折而低估自我,从而丧失自信心,灰心丧气,甚至悲观失望,对自我的否定就多些,容易产生自卑、内疚等情绪。

此时学生的心理活动开始指向自己的内部世界,不愿把自己的内心世界轻易向他人敞开,十分注重自己的面子,会有意无意地掩盖自己的缺点和短处。同时又渴望着爱与友谊,渴望着交往与分享。

3.大学阶段,学生的自我控制处于一种动态的发展过程中,自我控制能力在不断增长,却很不成熟,很不稳定

有些学生能够按照自己的意愿行事,也能够自觉地根据社会的要求来调节自己不合实际的目标和动机。而有些学生自我控制的水平还不够,有时自己想做什么就做什么,不顾环境的要求,随意性大,常常是刚捶胸跺脚地下了决心,转身就忘得一干二净。同学间的打架斗殴、违反校规校纪等现象就是不善于控制自我的结果。

第二节 大学生自我意识发展的困扰

一、大学生自我意识发展主要困扰的表现

(一)自负与自卑

(1)自卑。自卑就是觉得自己不如别人的主观感觉,它是消极的。自卑的要害是自我否定。

著名心理学家阿德勒发现了自卑情结。他说:人总是有缺陷的,由于身体或其他原因引发的自卑能摧毁一个人,使人自甘堕落或发生精神病,另外,它还能使人发愤图强,力求振作,以补偿自己的缺点。

王同学高考时没有发挥好,就全盘否定自己,失去奋斗目标。担心同学瞧不起自己而对同学采取回避的态度,追根究底也是因为他内心深处的自卑情结在作祟。王同学如果

找到自己的症结所在,树立正确的自我意识,既接纳自己,也接纳别人,建立自信心,积极投入高职生活,就会发现一个全新的自己。

霍华德·加德纳是世界著名的教育心理学家,最为人知的成就是"多元智能理论"。他认为人有八种智能:语言智能、节奏智能、数理智能、空间智能、动觉智能、自省智能、交流智能和自然观察智能。学习理论知识的能力只是人的众多才能当中的一种,并不能概括所有的智慧。小王技校毕业,他没有因自己学习成绩不好而气馁,而是努力钻研数控操作技术,在全国技能大赛中取得了第四名,被某高职院校特聘为副教授,主管学院的数控加工中心,并且他在教学过程中也取得了好成绩。

补偿法即通过努力奋斗,以某方面的成就来补偿自身的缺陷。生理上的补偿现象,如"盲人尤聪,聋者尤明",这是大家常见的。其实,人还有心理上、才能上的补偿能力。如日本的著名指挥家小泽征尔,原是专攻钢琴的。不幸的是,他的手指摔伤,十指的灵敏度受到影响,令他十分苦恼。后来他毫不犹豫地改学指挥且一举成名,从而摆脱心理困境。另一种补偿是凭新的努力,以期待某一弱点得到补救,转弱为强,来达到原来的目标。希腊政治家狄塞西怪斯因发音微弱和轻度口吃,不能演讲。他下决心练习口才,把小卵石放在嘴里练习讲,并面对海滨高声呼喊。最终,他的语言劣势得到补救,成为远近闻名的大演说家。他内心的紧张、焦虑也自然消除。

心理学中有一个重要的规律:你将成为你想成为的人。暗示法就是个人通过积极的自我暗示、自我鼓励进行自助的方法。人的自我评价实际上就是对自我的一种暗示作用。它与个人的行为之间有很大的关系。消极的自我暗示导致消极的行为,积极的自我暗示则带来积极的行动。每个人的智力相差不是太大,我们在做事的时候,就应不断地暗示自己,别人能做的我也一定能做好。始终坚信"我能行""我也能够做好"。成功了,自信心得到加强;失败了,我们也不气馁,不妨告诉自己"胜败乃兵家常事,慢慢来,我会想出办法的"。

（2）自负。自我接纳是建立在对物质自我、社会自我,特别是心理自我正确认知的基础上,对自我的长处给予恰当的评价。自负是过度的自我接纳,是自我接受的极端表现,常常夸大自己的长处,而看别人一无是处。具体表现为:他们拿放大镜看自己的长处,拿显微镜看他人的短处。他们的人际交往模式是"我好,你不好""我行,你不行"。

自负和自卑是两个绝对相反的命题,但二者有一个共同点就是对人的心理健康造成极为不利的影响。自负往往使个人扩大现实的自我,形成不切实际的理想自我;虚伪、做作和装腔作势不容易被他人接受和认可,从而导致人际关系紧张。自负的学生特别在意别人的评价和批评,爱慕虚荣。如果受挫,他们便会羞愧无比,无地自容,从而走向另一个极端——自卑。这些都与高职生自我认知不良、自我定位不准确有关。

(二)以自我为中心和从众

（1）以自我为中心。以自我为中心是指个人在处理与他人或社会的关系时只从自我的立场出发,而不能从他人或社会的角度去思考问题或处理问题的认知方式。

这类高职生过度关注自己的感受,只从自我的角度思考,只注意自己的心理需要,往往不能设身处地为他人着想,爱把自己的意志强加于别人,追名逐利,自我感觉良好。因此以自我为中心者不易赢得他人的好感和信任,容易造成人际关系的不和谐。

(2)从众。从众是以自我为中心观的对立面,就是认为大多数人的意见肯定是正确的,在群体的影响和压力下,放弃自己的意见而采取与大多数人相一致的行为,也就是随大流。高职生的从众行为比较普遍,既有积极的从众行为,也有消极的从众行为。积极的从众行为能增加群体的相似性和一致性,从而提高群体的凝聚力和工作效率。消极的从众行为对自己的成长和发展是有危害的,会阻碍学生分析判断能力的提高。学生从众行为的消极作用表现在以下两个方面:首先,从众行为倾向于"一致性",容易给学生个体和群体带来惰性,抑制创造性。其次,在决策时人们倾向于受到某种压力而不愿意发表不同意见,以至于出现表面一致的强行通过或仓促做出不正确的结论,最终导致决策出现偏差。

(三)过分追求完美

尽管"爱美之心,人皆有之",追求完美是人类健康向上的本能,但过分追求完美则容易引发自我的适应障碍。其主要表现为:对自己持有过高的要求,期望自己完美无缺,却不顾自己的实际状况。

不能容忍自己"不完美"的表现,对自己"不完美"的地方过分看重,甚至把人人都会出现的、人人都会遇到的问题看成是自己"不完美"的表现。

二、大学生自我意识发展困扰的原因分析

(一)生理因素

高职生一般处在 18~22 岁的年龄阶段上,男生特别重视自己的身高,女生更加重视自己的相貌。有些高职生会从自己与他人的比较中发现不同,如觉得自己太胖,不愿参加文体活动;觉得自己长得太丑,不愿与同学交往。这些都是生理因素的作用。

(二)学校因素

中学时父母照顾自己多一些,而大学阶段更注重锻炼学生的自理能力和自学能力,人际关系也比中学时期复杂;社会就业压力的影响,也在高职生的内心产生了激烈的冲突。这些困扰使很多高职生难以接受,严重时还可能出现伤害自己或他人的行为。

(三)社会因素

当代社会发生了巨大的变革,随着市场经济体制的确立,竞争机制的导入,人们的人生观、价值观等发生了重大变化,这直接影响高职生对自我的认知。另外,随着科学技术的发展,大众传播手段越来越丰富,尤其受到通过互联网交流信息对自我意识的影响。

(四)家庭影响

现代心理学研究表明,家庭环境对人的一生发展会产生重要的影响。每个人来到这

个世上,第一任老师是家庭成员,尤其是父亲和母亲。他们早期的教育方式、教养态度和家庭的经济状况直接影响了孩子后来的自我意识的发展。如家庭对独生子女的过分保护、过分顺从,使高职生自我意识处于幼稚水平。来自农村的高职生,因家庭及城乡差距等因素的影响,使得他们的自我形象受到生活条件的限制,可能在人际交往中怕生、容易退缩,性格有些孤独、自卑等。

(五)个体倾向性

个体倾向性包括需要、动机、兴趣、理想、信念、世界观和人生观。青年时期是一个人理想、信念和世界观形成与成熟的时期。理想、信念和世界观,决定了青年要成为怎样的人,准备如何实现。高职生做到及时调整自我理想,深化自我认识,实现和超越自我,显得尤为重要。

(六)他人的影响

俗话说:旁观者清,当局者迷。他人的评价是客观认识自己的一面镜子,可以帮助自己了解"现实自我"的形象,知道自己在别人心目中所处地位。高职生可以通过竞赛评比、表扬与批评、学习成绩报告单等途径获得他人正式的评价,也可以通过相互交谈等获得别人非正式的评价,这些评价无论是否客观都会对学生的自我意识产生影响。

我们可能因为外在的诱惑太大,忽视了内心感受;我们可能因为不愿意正视自己那些"不够好"的部分,不善于洞察自己,不知道自己的深层意愿,因而不知道自己是谁。所以,"认识你自己"这句由古希腊哲人苏格拉底说出的话才这样打动人心。

我们看到,高职生在自我意识发展过程中出现的这样或那样的困扰,是其心理发展还不够成熟的表现,是由他们的身心发展状况、家庭、学校等种种因素决定的。这些因素既可以促进高职生的心理迅速成熟,也可能成为其自我健康发展的阻力。诚然,我们无从改变过去经历、个人历史及其引起的种种心灵创伤,但是我们可以通过学习改变其影响。特别是改变过去对现在乃至未来的影响,这正是自我发展和成熟的表现和意义所在。

第三节 大学生健康自我意识的培养

一、正确的自我认知

一则民间笑话:一个和尚冒犯了当官的,被官府捉了起来,交给一个公差押解到边塞。在押送的路上,和尚趁差人喝醉酒熟睡的时候,跟差人开了个机智的玩笑,把他的头发剃得精光之后,逃之夭夭了。第二天,差人醒来,发现少了一个人。再一摸自己的脑袋,大吃一惊,失声叫道:"和尚在,我不见了!"到了官府,当官的老爷听了差人的诉说之后,拍案判决道:"和尚守法,尚能投案服刑,着令收监看管;衙役失职,弃职潜逃,务必捉拿归案。"

我们知道这则笑话是用来讽刺封建社会里官府的昏庸和公差的愚蠢的,但这里的"我不见了"便是典型的自我丧失现象,仅仅因为头发被剃光了,竟然说自己没有了。

在现实生活中,如果问一个人:"你认识你自己吗?"他会觉得这个问题是多余的。谁会对自己都不了解呢?但是事实上很多人并不真正了解自己。"不识庐山真面目,只缘身在此山中",要完全了解自己并不容易。

(一)正确的自我认知

"人贵有自知之明",全面而正确的自我认知是培养良好的自我意识的前提和基础。"世界上没有两片相同的树叶"。每个人都是有自己特色的、独一无二的,只有正确认识自己,才能科学对待自己的过去,恰当地确立自我发展的方向,实实在在地把握现在;才能在社会情境中找到自己恰当的位置,才能理解他人,尊重他人,与他人和谐相处,被社会所接纳。

我们不妨认真仔细地想一想,用尽量多的形容词描述自己,要忠实于自己的内心。在此基础上,进行第二步,即"投射自我"的描述,描述父母眼中的我、同学眼中的我、老师眼中的我、恋人眼中的我、兄弟姐妹眼中的我,你再寻找这些描述中共同的品质,将其归类。描述你的维度越多,你越会找到比较正确的自我。

(二)多角度的自我评价

一位女大学生,从小学到中学一直是家中的"好孩子"和学校的"好学生",上大学也是免试保送的。可是,大学第一学期的期末考试刚过,她却从宿舍的六楼跳了下去,结束了自己的生命。事后,同学从她的遗书中获悉,她之所以轻生只是因为她预感到在这次的期末考试中,她的成绩难以名列前茅。这么一向被认为是"好孩子"的学生,仅仅因为预感到期末考试成绩难以名列前茅,就选择了跳楼自杀,自我毁灭。

上述女大学生的自我评价能力极低,她不顾客观环境的变换,一直主观地把自己放在成绩名列前茅的"好学生"的位置上,正是这个不恰当的自我评价杀了她。要使自我评价客观恰当,就要全方位地比较,多角度地评价自我。古人云:"以铜为镜,可以正衣冠;以史为镜,可以知兴替;以人为镜,可以明得失。"积极地将获得的信息进行分析、综合和比较,既要进行纵向比较——将现实自我与过去自我、理想自我进行比较,又要进行横向比较——将自己与各种人作比较;既要与比自己优秀的人比较,又要与相似的人比较,还要与比自己稍差的人比较。只有这样,我们才能正确认识自我,客观评价自我。

(三)经常自我反省

中国古代的曾子说"吾日三省吾身",就是一种自我反省、自我监督活动。没有自我反省,就无从实现自我完善。通过反省、分析自己成功或失败的原因,对自己做一分为二的分析,严于解剖自我,敢于批评自己,调整自我评价,从而定位自我,提高自我认识,作为自我调控的出发点。

二、积极的自我悦纳

自我悦纳是对自己的本来面目持肯定、认可的态度,一个人只有欣然地接受自我,才能有信心去面对真实的自我,自尊、自爱,珍惜自己的人格和名誉,注重自我修养,使自己发展到一个较高境界。因此,悦纳自我是良好自我意识培养的关键和核心,大学生怎样能形成悦纳自我的积极态度呢?

(一)喜欢自己

悦纳自我就是要接纳自己、喜欢自己、欣赏自己、自尊自爱,对自己充满信心。看到自己身上的闪光点,发现自己潜藏的、待挖掘的能量,找到自己存在的价值。天生我材必有用,不必苛求自己做个十全十美的人。体会自我的独特性,在此基础上体验价值感、幸福感、愉快感与满足感。

(二)保持乐观、性情开朗

马克思曾说过:一种美好的心境,比十副良药更能解除生理上的疲劳和痛苦。进入大学,大家经常面临着各种生活、学习压力,经常遇到各种挫折和冲突。有的同学碰到挫折说"哎呀,这种可笑的事情竟让我碰上了",像这样以开朗的心情把自己的失败告诉他人的人,一定是一个充满活力的人。人们常说:"人逢喜事精神爽。"心境好的人,常常就会觉得阳光灿烂、白云飘飘,花儿对我笑,鸟儿对我唱。经常保持着一种充实、愉悦的心境,对于抵消那些不愉快的情绪体验,保持心理平衡,具有不可低估的作用。保持乐观、性情开朗,就能面对现实、正视现实中的自我,从而采取积极有效的态度去面对现实自我。

(三)全面地看待自己的优缺点

小李是个安静而庄重的人,但她认为自己是个"笨拙而又无趣"的人。相反,小王是个口若悬河的人,但她自认为:"我真是个大嘴巴,哪天我才能安静一点呢?我真希望变得庄重一点啊!"她们都没有全面地看待自己的优缺点。

其实,每个人都既有长处又有弱点,"尺有所短、寸有所长"。因此,要接纳自己的不美,树立正确的认知观念,人不能十全十美,每个人都有优缺点,人既不会事事行,也不会事事不行。要善于克服自己的缺点,扬长避短,充分地发挥自身潜力。

三、有效的自我调控

有效的自我调控是良好自我意识培养的根本途径,大学生要做到有效的调控自我,就应该从以下几方面努力。

(一)建立合乎自身实际的目标

建立合乎自身实际情况的抱负水平,确立合适的理想自我。在充分了解自己的基础上确定恰当的目标,使目标既符合自己的实际要求,又符合自己的实际能力,不苛求自己,不被他人的要求左右。对大学生来说必须明确自己的期望是什么,以及这种期望的来源是自我的本身的需要,还是从满足他人的期望出发。只有明确这一点,才可能真正地认清自己,规划自己的发展方向,最终形成独立的自我。

(二)培养顽强的意志力

很多大学生为自己树立了远大的目标和理想,但在努力的过程中,没有足够的自制能力和意志,经受不住挫折和打击,无法实现自我理想。例如,大学生经常说,"我想早起,可就是没有毅力""我想学习,可就是学不进去""制订了一个计划,坚持了几天就难维持下去,没有恒心"。因此,大学生要培养顽强的意志,发展坚持性和自制力,增强挫折耐受力,使自己能自觉主动地认清目标,为实现目标而努力排除干扰、克服困难。

(三)培养自信心

自信心是一种自我肯定的信念,在自我意识中往往以"我行""我能行""我是不错的""我比很多人都强"等观念存在与表现,并会有意无意地体现在人的行为之中。所以,有无信心对个体来说是非常重要的。对于自卑的人,应当有效地调控自我,时常地进行积极的自我暗示,当自己面临某种事情感到信心不足时,不妨自己给自己壮胆:"你一定会成功!一定会的!"或者自问:"人人都能干,我为什么不能干?我同样的不也是人吗?"

四、不断的自我超越

认识自我、接纳自我、调控自我,都是为了塑造自我、超越自我。对于大学生而言,超越自我更是终身努力的目标。在行动上,无论对人对事,均全力以赴,使自己的能力品行得到最大限度的发挥。完善自我、超越自我并不是一帆风顺的过程,它需要付出艰辛的努力和沉重的代价,也是一个"新我"形成的过程,是从"小我"走向"大我",是从"昨天之我"向"今日之我""明日之我"的迈进。珍惜已有的自我,追求更好、更高的自我,做一个"自如的、独特的、最好的自我"。

走向成功和卓越的自我——"在这个世界上,你是独一无二的一个。生下来你是什么,这是上帝给你的礼物;你将成为什么,这是你给上帝的礼物。上帝给你的礼物我们无法选择,但你给上帝的礼物,将由你个人去创造,主动权在于你自己,就是:认识自我,悦纳自我,激励自我,控制自我,完善自我,超越自我"。

思考题

1. 认识自己:写出20个"我是谁"。
2. 增强自信:优点轰炸。
3. 探索自己:自画像。

4. 案例分析

患者李某在某市级医院住院,医嘱为"10%氯化钾 10 mL 加入 10%葡萄糖液 500 mL 静脉滴注",而值班护士没有阅读医嘱就将静脉滴注改为静脉推注,当推注完毕时却发现患者昏迷、抽搐和心搏骤停,经积极抢救无效死亡。

请思考:

(1)请问该事件是否构成医疗事故?为什么?

(2)事件发生后,医院应当采取哪些处置措施?

(3)医院和相关责任人应该承担哪些法律责任?

第三章 人际交往

学习目标
1. 掌握人际交往的概念和特点；了解大学生人际交往的类型。
2. 熟悉大学生人际交往的原则与途径。
3. 学会建立和谐的人际交往能力。

战国时期，赵国文臣蔺相如因为出使秦国不辱使命、完璧归赵、功劳卓著而被封为上卿，位在武将廉颇之上。廉颇对此很不服气，扬言道：蔺相如只凭言辞立下功劳，他的职位却在我之上。我感到羞耻，遇见他时，一定要羞辱他。蔺相如得知后，尽量回避，不肯和他碰面。远远地看见廉颇的车队，马上把自己的车子转入横巷，等廉颇的车子过了之后才出来，不与其发生冲突。

蔺相如的门客以为他畏惧廉颇，感到羞耻，准备告辞离开。蔺相如挽留他们，说：强大的秦国之所以不敢侵略我们赵国，只是因为我们两人之间的团结一心。如果我们彼此相斗，势必会造成国家的危难。我们所有人都会成为秦国的阶下囚。廉颇知道这话后，幡然醒悟，就赤背负着荆条到蔺相如家的门前请罪，说：想不到您如此深思熟虑，我是个粗陋卑贱的人。从此二人前嫌尽释，比肩事主，成为生死与共的朋友。

案例：

2004年2月23日，云南省昆明市云南大学6幢317号宿舍发现4具男性尸体，经查死者是该校生化学院生物技术专业2000级的4名学生，警方发现尸体死亡原因都是脑部被钝器击打所致。公安局在现场勘查和调查后认定，4人的同学马加爵有重大作案嫌疑。而此时马加爵已失踪数天。2月24日，公安部发出A级通缉令，悬赏20万元查缉马加爵。2004年3月15日下午7时20分许，警方接报后，迅速赶往三亚的河西路一河堤附近将其抓获。经初步审讯，此人交代了在云南大学杀害4名学生的犯罪事实，犯罪原因系打牌时引起的争执与不满所致。4月24日，法院对这一杀人案进行了一审判决，判处马加爵死刑，剥夺政治权利终身。判令马加爵赔偿附带民事诉讼。宣判后，马加爵没有提出上述，昆明中院即依法报送云南省高级法院核准对马加爵的死刑判决。2004年6月17日，马加爵被执行死刑。

问题：
1. 上诉案例说明其在人际交往的时候出现什么问题？
2. 遇到类似的情况，该如何解决呢？

第一节　大学生人际交往及其特点

一、人际交往概念

人际交往也叫人际沟通，是指个人之间在共同活动中彼此交流思想、感情和知识等信息的过程。在人类社会中，人必须与他人发生交往，互相协助，获得物质和精神上的满足；通过语言情感的交流，彼此影响对方；通过观察他人的反应，对照他人的优缺点，来了解自我，调节自我，以适应社会的要求。

人际关系是在一定的社会团体中，人与人之间直接的、间接的、可觉察到的并受心理特征所制约的相互交往关系。人际关系反映了交往双方寻求满足其社会心理需要的程度。如果交往双方的社会心理需要都能获得满足，那么，人们之间发生并保持一种亲近、信赖、友好的关系。如果一方对另一方因某种原因表示不友好、不尊重，则另一方会产生疑虑和不安，就会增大心理距离，使原来的亲密关系变成疏远关系，甚至有可能发展到敌对关系。

人际关系的变化和发展是与人的情感相联系的，它取决于双方社会需求满足的程度。不同性质的人际关系可引起不同的情感体验或者情绪体验。良好的、亲密的、融洽的关系会引起人们愉快的情感体验，使双方感到心情舒畅；相反，人与人之间疏远的、冷漠的关系，会引起人们不愉快的情感体验，人们感到烦恼、不安，产生焦虑、苦闷的心理状态；若它是敌对的、冲突的关系，则会引起人们憎恶、仇视的情感体验，人们常说的"怀恨在心"，就是这种心理体验，这有可能导致攻击性行为。它有损于个人的身心健康，也有害于工作、学习和生活。

二、大学生人际交往的基本特点

大学生人际关系的特点是由大学生自身条件所决定的。他们的文化层次比较高，生理和心理日趋成熟，比较重情，好幻想，具有与其他社会关系不同的特点。

（一）讲求平等

大学生的主体意识、独立意识和自尊心日益增强，对友谊的平等性要求越来越高，既对朋友平等相待，又希望朋友对自己也一视同仁。他们希望双方能够在心理上互相平等，彼此坦诚相见，任何一方都不要把自己的意志强加于人。因此，那些傲慢无理，不尊重他人，操纵欲、支配欲、妒忌、报复心强的人常常是不受欢迎的。

大学生们随着自己生理和心理方面的日臻成熟，"自我意识""主体意识"逐步觉醒，于是产生了强烈的"成人感"和主人翁精神。他们在各个方面要努力体现其独立的人格，追求平等，喜欢和同龄人结交朋友。由于大学生个人阅历、社会经验、认知能力、思想观念都大致相同，这就比较容易产生平等的心理和意识。同学之间渴望互相理解，互相尊重，平等相处。

(二)富于理想

在大学读书期间，由于没有工作、家庭和生活等方面的太大压力，给大学生们追求理想创造了有利条件。他们可以暂时避开社会上人际关系中某些世俗因素，对人际关系抱有较高的期望。但随着时间的推移，大学生对同学关系感到不满意或者不太满意的人数逐渐增加，事实上，大学生们感到的这种理想与现实的反差正反映了大学生人际交往中富于理想的倾向。

(三)注重精神

大学生群体是社会中一个独特的群体，同中学时代相比，他们的生活、心理和智力的发展水平又上了一个新的台阶，思维能力和认知能力都有了较大的提高，他们思想活跃，有着十分丰富的精神世界，对社会、人生等问题更加关注。因为大学生们在经济上尚未能独立，家庭负担不太重。因此，在同学关系中一般都重义轻利，比较讲义气，注重精神领域内的交流比较多。

大学生随着年龄的增长、智力的发展、生活经验的丰富，生理和心理的日趋成熟以及情感逐渐复杂，对友谊对象的选择有了较高的要求。经常是先定出自己的交友条件，认真分析、判断之后，做出慎重的选择。因此，大学生中能够成为好朋友的，都是那些性格相投、兴趣相合、感情相融的同窗知己。

(四)情感色彩重

由于大学生处于较高层次的文化环境中，丰富多彩的大学校园文化陶冶了他们的情感，加上青年心理发展的固有特点使同学间关系极富于情感色彩，讲究情投意合。如女同学之间往往重感情，男同学交往比较强调兴趣上的一致，男女同学交往既有友谊也为了爱情。但是，由于大学生的心理发展没有完全成熟，意志力不太强，致使同学间的情感不很稳定，较多变化，表现为时而欢欣鼓舞，时而又焦虑悲观，也经常容易以感情代替理智。

大学生们交友的动机基本是单纯的，情感色彩重，功利意识少。多数以满足精神要求、互相促进学习、共同参与活动作为择友的主要目的。因此，大学生之间的交往比较真诚、自然，很少做作、虚伪以及世故。

与中学生相比，大学生的友谊在深度、心理亲密性和思想等方面都发生了变化，此时的友谊不是停留在一般的娱乐兴趣为主的水平上，而是有着更进一步的思想、情感交流，交往时也涉及个人的人生观、价值观等方面问题。

由于一些特别的活动、运动或者一些特别的历史时期,大学时期的同学友谊有的是相当牢固的,有的甚至可以伴随终生,因为此时的友谊已经内化了。比如:今天海峡两岸的"黄埔同学会",虽然过去了几十年,其间几经战争炮火的洗礼,但同学的友谊依然如故。

现在的大学生交往过程中,其特点有新的变化。表现为:交往的主动性明显增加;交往的范围日益扩大,已经不限于学校内部;交往的对象增多,各类人员不限;交往的功利性越来越明显;交往过程中强调等价交换原则;交往过程中协作与竞争交替存在。

三、大学生人际交往的类型

大学生人际关系,从不同的视角可以分为不同类型。这里,根据大学生人际交往的对象,将其划分为以下三种类型。

(一)同学关系

同学关系是指在同一学校学习过程中所结成的人际关系,是大学生人际关系的重要方面。同学是大学生人际交往最基本的对象。大学生与同学的交往最普遍、也最复杂。同学之间由于年龄相近,兴趣、爱好相似,又在一个集体中学习和生活,比较容易相处,容易建立起较为稳定的人际关系。

同学关系中,容易出现矛盾纠纷的就是宿舍关系。另一种比较特殊、经常困扰大学生的同学关系是与异性同学间的关系,恋人关系是其中的特殊情况。

(二)师生关系

师生关系是指老师与学生的关系,它是学校教学过程中最主要的人际关系。教师是大学生人际交往的重要对象,是知识的传授者,是学生的人生导师和人格模仿对象。应该说,教师与同学之间很容易建立一种"良师益友"的关系。但是,由于大学教育的特点,教师与学生的接触不像中小学那样频繁,课外时间师生交往不多,师生之间交流沟通比较少,尤其缺乏情感的交流,因而"良师益友"关系需要增进。

(三)网络人际关系

网络人际关系指网络使用者通过网络进行人际交往从而建立的人际关系。网络人际关系是在网络技术发展日趋成熟的过程中孕育而生的。网络人际交往已成为大学生生活中的一种时尚。网络人际交往是一把"双刃剑",对大学生的健康成长既有积极影响,也产生着消极作用。

积极影响主要表现为:①网络拓宽了大学生人际交往的范围,有利于大学生增长知识、见闻;②网络交往的匿名性使网络人际关系实现了一种现实社会中不可能实现的"虚拟"平等,容易满足大学生人际交往中的平等意识;③网络给大学生提供了多重角色扮演的机会,有利于大学生熟悉各种角色行为,从而提高在现实生活中的人际交往能力。

消极影响主要表现为:①网络交往角色的虚拟性,容易导致大学生现实人际关系的信任危机;②网络交往中难以主导的信息自由,容易导致现实人际关系道德的失范;③网络交往容易使大学生过度依赖网络,影响了大学生正常的学习、生活,严重者可能荒废学业。

第二节 大学生人际交往的原则与途径

一、人际交往的原则

(一)平等尊重原则

这一原则是人际关系特别是大学生良好人际关系构建的首要原则,是其他一切原则的前提和基础。平等,主要指交往双方态度和地位上的平等。尊重包括两个方面:自尊和尊重他人。自尊就是在各种场合都要尊重自己,维护自己的尊严,不要自暴自弃。尊重他人就是要尊重别人的生活习惯、兴趣爱好、人格尊严和价值。古人云:"欲人之爱己也,必先爱人;爱人者,人恒爱之;敬人者,人恒敬之。"大学生在交往中必须以平等为前提,给人以尊重,这是形成良好的人际关系的先决条件。

故事点击

萧伯纳有一次写作休息时,和邻居的小女孩一起玩耍,当送小女孩回家时,他对小女孩说:"知道我是谁吗?回家告诉你妈妈,就说和你一起玩的是萧伯纳。"小女孩天真地回应说:"知道我是谁吗?回家告诉你妈妈,就说和你一起玩的是克里·佩丝莱娅。"大文豪听了,不禁惭然。后来,对朋友谈起此事,感慨道:"一个七岁的小女孩给我上了人生中最好最重要的一课。一个人无论有多大的成就,他在人格上与任何人都是平等的,这个教训我一辈子也忘不了。"

(二)互助互利原则

人际关系以能否满足交往双方的需要为基础。所谓"礼尚往来""投桃报李",就是在交往中要考虑双方的共同价值和利益,相互满足——包括物质的和精神的。如果交往双方的心理需要都能得到满足,其关系才会继续发展。因此,人际交往时应本着互助互利的原则。互助,就是当一方需要帮助时,另一方要力所能及地给对方以帮助。互助互利原则,不是等价交换,更不是庸俗的交易,而是一种自觉自愿的相互付出、相互奉献。坚持互助互利原则,就是要破除极端自私的个人主义;要与人为善,乐于助人,同时,又要善于向别人求助。

(三)诚实守信原则

诚信是做人之本。"与朋友交而不信乎"《论语》,"志不强者智不达;言不信者行不果"(墨子)。诚信原则指在人际交往中,要以诚相待、信守承诺。与人交往时,一方面要真诚待人,既不当面逢迎奉承,也不背后中伤诽谤。另一方面,要"言必行,行必果",即说到做到,遵守承诺,践行诺言。自己能办到的一定要尽力完成,办不到的事情也要讲清楚,以赢得对方的谅解。

(四)宽容理解原则

古人云:"泰山不让土壤,故能成其大;海河不择细流,故能成其深;王者不却众庶,故能明其德。"建立良好的人际关系,需要一颗真诚宽容的心。宽容理解原则是指在与人相处时,应当严于律己,宽以待人,尽量尝试站在对方位置看待问题,理解对方。"全然了解,就是全然宽恕。"在人际交往中,难免会有一些误解和矛盾,这时候我们有宽容之心,不斤斤计较,正所谓"退一步海阔天空"。大学生活里有很多的事情需要我们去做,不要因为区区小事而陷入人际纠纷,不仅浪费很多宝贵时间,也让自己变得自私自利,变得很渺小。宽容忍让是为人处世的最高境界,是一种襟怀,一种美德。

故事点击

记住和忘记

阿拉伯名作家阿里,有一次和吉伯、马沙两位朋友一起旅行。三人行经一处山谷时,马沙失足滑落。幸而吉伯拼命拉他,才将他救起。马沙于是在附近的大石头上刻下了:"某年某月某日,吉伯救了马沙一命。"

三人继续走了几天,来到一处河边,吉伯跟马沙为了一件小事吵了起来,吉伯一气之下打了马沙一耳光。马沙跑到沙滩上写下:"某年某月某日,吉伯打了马沙一耳光。"

当他们回来后,阿里好奇地问马沙,为什么要把吉伯救你的事刻在石头上,将打你的事写在沙上?马沙回答:"我永远都感激吉伯救我,他打我的事,我会随着沙滩沙上字迹的消失,而忘得一干二净。"

记住别人对我们的恩惠,洗去我们对别人的怨恨,在人生的旅程中才能洒满阳光。

二、人际交往的艺术

(一)学会换位思考

戴尔·卡耐基曾说,所谓人际关系的秘诀,就是有站在对方立场审时度势的能力,即由他人的观点看事情,如同由你自己的观点看事情一样。

换位思考,即设身处地为他人着想,想人所想,理解他人的一种处理人际关系的思考方式。它客观上要求我们将自己的内心世界,如情感体验、思维方式等与对方联系起来,站在对方的立场上体验和思考问题,从而与对方在情感上得到沟通,为增进理解奠定基础。

生活中,我们总习惯站在自己的角度去思考问题。假如我们能换一个角度,站在他人的立场上去思考问题,人与人之间就多了一些理解和宽容,人际关系也就会更加融洽。

资料窗

听的几种层次

1. 心不在焉　看似在听,实际心里在想其他与谈话内容毫不相关的事情,几乎没有注意对方所说的话。
2. 被动消极　竖起了耳朵,却没有敞开心扉,只是被动消极地听,常常造成误解。
3. 有选择性　对于自己感兴趣的话,会仔细认真地听,而把不合口味的东西统统屏蔽掉。
4. 认真专注　认真专注地听,专心致志注意对方,聆听对方的话与内容。
5. 设身处地　理解与积极主动地倾听,不仅专注对方的眼睛,也深入对方的内心,站在对方的角度。

(二)注意倾听

一位作家说:很少有人能经得起别人专心听讲所给予的暗示性赞美。

我们在谈话中常常会有一种冲动,把溜到嘴边的话讲出来。实际上,跟你谈话的人,对他自己的需求和问题更感兴趣。耐心而认真地倾听别人讲话,可以深入了解对方,从而做到有的放矢;倾听有助于我们从别人那儿学到许多有益的东西,还能化干戈为玉帛。鼓励他人谈论他们自己、他们的感受、他们的成就,是赢得友谊的有力方法。如果你希望改善自己的人际关系,就从倾听开始吧!

关于"听",总的原则是听对方讲话时,要把握好自己的配角位置,处处表现出对对方的耐心与尊重。具体地说就是,首先不要随意打断对方的谈话或抢对方的话题;其次要学会倾听,听的过程中要注意目光交流,要显露出兴趣十足,适当的时候可以微笑一下;倾听不是被动地接收,而是有反馈的引导和鼓励;倾听要特别注意配合对方的谈话,用声音、肢体语言做出积极的反应。比如:说"嗯""哦",点头、身体向前倾、面孔朝着说话者,换个姿势……

绝大多数人天生就有听力(听得见声音的能力),但听得懂别人说话的能力,则需要后天学习才会具备。

(三)语言艺术

语言是人类敞开心扉的交流形式,是人类搭建心灵桥梁的快捷方式,是人类情感交流的抒发模式,是人类释放悲喜的表达方式。"良言一句三冬暖,恶语伤人六月寒。"一个人的口头沟通能力好坏,决定了他在工作、社交和生活中的品质和效益。

资料窗

语言沟通"三要、三不要"

三要:

1. 赞美与鼓励的话要说。
2. 感激与幽默的话要说。
3. 与人格有关的话要说。

三不要:

1. 没有准备的话不要说。
2. 没有依据与数据的话不要说。
3. 情绪欠佳的时候不要说。

良好语言艺术的要求:

(1)称呼得体。人际交往中,得体的称呼是交往的良好开端。交往中,称呼时应注意:一是使用尊称;二是称呼要注意地域的差异。要注意有些称呼,具有一定的地域性。在交往过程中,要根据对方的年龄、性别、身份、职业等具体情况及交往场景、彼此的亲疏远近来决定对对方的称呼。做到对长辈要尊敬谦逊,对同辈要亲切友好。

(2)礼貌用语。日常交谈的过程中,要谨记尊重的基本原则:交谈时应尽量使用礼貌用语。"礼多人不怪。"五句基本礼貌用语:问候语"你好"、请求语"请"、感谢语"谢谢"、抱歉语"对不起"以及道别语"再见",应该是我们每个人耳熟能详的,也应该是在实际交谈过程中必须熟记和经常使用的。

(3)真诚赞美。"人性中最深切的品质,是被人赏识的渴望。"哲学家罗西法古说:"如果你要得到仇人,就表现得比你的朋友优越吧;如果你要得到朋友,就要让你的朋友表现得比你优越。"这就要求我们在人际交往中要善于发现每个人的优点、长处、成绩,真诚、慷慨地赞美他。学会肯定和赞美他人。

首先,角度要新颖。例如,你想称赞一个相貌平平的女孩子,与其说她美丽,不如称赞她的亲和力或者非同寻常的见识。

其次,内容要明确、真实、具体。例如,你想称赞一个同学,与其笼统地说"我很喜欢你",不如说"你今天这个发型很别致,很适合你"或"你说话很幽默,我很喜欢!"

再次,要感受性赞美,不要评比性赞美。比如,一个男生想对面前的两个女孩子表示赞美,就对其中一人说:"你虽然没有她漂亮(得罪了当事人),但是和你聊天让我感觉很愉快(又得罪了前一名女生)。"显然,这种评比性赞美只能违背初衷,适得其反。如果说"你们两个都是我见到的百分女孩,一个微笑一百分,一个幽默一百分",这样就皆大欢喜了。

最后,赞美要及时。当别人达成某种成果时,最好当场坦率地加以称赞,而不要把称赞延后。日本知名职场顾问桑原晃弥指出:错过时机的恭喜,不只无法传达心意,甚至会被当作是讽刺或社交辞令。

(4)批评的艺术。第一,批评应注意场合。第二,从赞扬和诚心的感谢入手,诚恳地提出批评。第三,批评对事不对人。批评要在肯定别人能力、人品的前提下指出,并具体到每件事,如"按你的能力,这件事本来可以做得更好些""依你的为人,不会说出这种伤人的话"等。第四,批评应针对现在,而不要纠缠老账。如果习惯于用"你怎么总是……"之类的形式批评别人,不会取得好的效果。

(5)避免伤害的艺术。一个和谐的人际关系的基础是彼此之间互不伤害。要改变一个人又不致伤害感情,或引起憎恨,就要遵守这样的规则:"在批评他人之前,先改变你自己的错误。"心理学家席莱说:"我们极希望获得别人的赞扬,同样的,我们也极为害怕别人的指责。"卡耐基指出,用"建议",而不用下"命令",不但能维持对方的自尊,而且能使他乐于改正错误,并与你合作。从来不要说"做这个或做那个"或是"不要做这个,不要做那个",而是"你可以考虑这个"或"你认为,这样做可以吗"。

贬低他人,也就意味着自己的渺小。人人都有毛病和缺点,所以找起来并不难。但被人暴露自己的"小",这是许多人所反感的,因为这威胁到了人的自尊。

如果你不是出于贬低别人的目的,同时又能运用适当的方法,那么你的批评就会收到意想不到的效果。卡莱尔说过:"一个伟大的人,以他待小人物的方式,来表达他的伟大。"

故事点击

"钉子"

有一个男孩有着很坏的脾气,于是他的父亲就给了他一袋钉子;并且告诉他,每当他发脾气的时候就钉一根钉子在后院的围篱上。

第一天,这个男孩钉下了37根钉子。慢慢地每天钉下的数量减少了。他发现控制自己的脾气要比钉下那些钉子来得容易些。

终于有一天,这个男孩再也不会失去耐性乱发脾气了。他告诉他的父亲这件事,父亲告诉他,从现在开始,每当他能控制自己的脾气的时候,就拔出一根钉子。

一天天地过去了,最后男孩告诉他的父亲,他终于把所有钉子都拔出来了。

父亲拉着他的手来到后院说:"你做得很好,我的好孩子。但是看看那些围篱上的洞,这些围篱将永远不能恢复成从前。你生气的时候说的话将像这些钉子一样留下瘢痕。如果你拿刀子捅别人一刀,不管你说了多少次对不起,那个伤口将永远存在。话语的伤痛就像真实的伤痛一样令人无法承受。"

人与人之间常常因为一些彼此无法释怀的坚持,而造成了永远的伤害。如果我们都能从自己做起,开始宽容地看待他人,相信你一定能收到许多意想不到的结果。帮别人开启一扇窗,也就是让自己看到更完整的天空。

(四)非语言艺术

非语言艺术一般包括面部表情、身段表情、声音表情。掌握和运用好这种交往艺术,对大学生搞好人际交往是不可少的。

1. 面部表情

(1)目光接触。目光接触是人际最能传神的非言语交往。"眉目传情""暗送秋波"等成语形象说明了目光在人们情感的交流中的重要作用。朱拉兵(1972)估计,情绪信息有55%由视觉符号传递,所以交谈的过程中,一定要注意目光交流,主要注意目光着陆点和目光接触的时间。

微笑的价值

它不花什么,但创造了很多成果。

它丰盛了那些接受的人,而又不会使那些给予的人贫瘠。

它产生在一刹那之间,但有时给人一种永远的记忆。

没有人富得不需要它,也没有人穷得不会因为它而富裕起来。

它在家中创造了快乐,在商业界建立了好感,而且是朋友间的口令。

它是疲倦者的休息,沮丧者的白天,悲伤者的阳光,又是大自然的最佳良药。

但它却无处可买,无处可求,无处可借,无处可偷,因为在你把它给予别人之前,它没有什么实用的价值。

(2)学会微笑。一个人的面部表情,比穿着更重要。笑容能像太阳带给人们温暖。微笑所表示的是,"我喜欢你,你使我快乐,我很高兴见你"。微笑无声胜有声。真诚的微笑常会给人留下美好而深刻的印象。如果我们用微笑对待他人,得到的也必将是一张张热情、温馨的笑脸!

2. 身段表情

(1)身姿。语言会说谎,但是你的身体摆出来的姿势会诚实地告诉对方:你希望和对方有什么样的交往关系,对方所说的事你有没有兴趣。面向别人并向前倾斜是非常重要的姿势,显示敬意和投入。

(2)手势。交谈时适当地配合手势,能有助表达,增加感染力和说服力。不过要注意手势运用要自然,不要过于夸张。

3.声音表情

语音、语调、语速等同样起到传情达意的作用。我们常形容"抑扬顿挫""绘声绘色""听话听音,锣鼓听声",实际上就是声音表情的作用。

4.人际距离

人际距离指人与人之间在进行交往时通常保持的距离。这种距离受到个体之间由于相容关系不同而产生的情感距离的影响。美国人类学家爱德·霍尔(E. Hall)有一句名言:"空间也会说话。"他认为"人际距离"可分为4种:

(1)亲密距离(0~0.45米),通常用于父母与子女之间、情人或恋人之间,在此距离上双方均可感受到对方的气味、呼吸、体温等私密性刺激。

(2)个人距离(0.45~1.2米),一般是用于朋友之间,此时,人们说话温柔,可以感知大量的体语信息。

(3)社会距离(1.2~3.6米),用于具有公开关系而不是私人关系的个体之间,如上下级关系、顾客与售货员之间、医生与病人之间等。

(4)公众距离(3.6~7.5米),用于进行正式交往的个体之间或陌生人之间,这些都有社会的标准或习俗。要注意的是,这种情况下的沟通常是单向的。

故事点击

刺猬效应

"刺猬效应"源于西方的一则寓言,说的是在寒冷的冬天里,两只刺猬要相依取暖,一开始由于距离太近,各自的刺将对方刺得鲜血淋漓,后来它们调整了姿势,相互之间拉开了适当的距离,不但互相之间能够取暖,而且很好地保护了对方。

两只刺猬取暖,远则不暖,近则互伤,不远不近恰如其分。"刺猬效应"说明了人际交往中的心理距离效应。它提醒我们,无论是工作还是生活,友谊还是爱情,都得保持适当的距离,给对方留下一点空间,既体现了对他人的尊重敬重,也显示了自己的修养。过分的热情、过度的干预,都会让人心生不安,心存不满。凡事过犹不及,亲密还当有间,彼此才会生活得自在悠然。

三、学会解决人际冲突

大学生来自五湖四海,每个人都承载着自己的文化背景、地域风俗以及特定的方言和民族身份,每个人都有需要,在满足需要的时候,人际冲突就不可避免。学习解决冲突的策略也是人际交往的一个重要部分。

(一)解决人际冲突的策略

一是掌握并运用人际交往的原则,要尊重对方,学会换位思考,沟通理解,求同存异。

二是先解决心情,再解决事情。即体察和理解对方的情绪,并将这种理解反馈给对方,可以极大地平复和协调双方的情绪,理性地去面对和解决问题。换一个角度看事情,也许就迥然不同。人常言:动之以情,晓之以理。在解决冲突时,应先动之以情,然后晓之以理。

(二)有效解决冲突的步骤

(1)共情与倾听。
(2)找出彼此的需求或愿望。
(3)评估各种可能的解决方法。
(4)求同存异,达成共识。

有些大学生遇到冲突后,或大动干戈,非要争个是非曲直不可;或消极回避,不理不睬,其结果是双输。在多数情况下,双方如果能够理性解决问题,才能达到合作的效果与双赢。这才是更加成熟的处理方式。

活动天地

心有千千结

1. 将全班学生分成若干个小组,每组10人左右,让每组成员手拉手围站成一个圆圈,记住自己左右手各相握的人。
2. 在节奏感较强的背景音乐中,大家放开手,随意走动,音乐一停,脚步即停。找到原来左右手相握的人分别握住。
3. 小组中所有参与者的手都彼此相握,形成了一个错综复杂的"手链"。在节奏舒缓的背景音乐中,主持人要求大家在手不松开的情况下,用各种方法,如跨、钻、套、转等(但手不能放开),将交错的"手链"解成一个大圆圈。

第三节　建立和谐的人际交往

良好的人际关系不仅是大学生心理健康水平、社会适应能力的综合体现,是大学生身心健康和发展的重要内容和基础条件,人际关系的质量对其在校期间的学习生活有着重要影响,也是大学生今后事业发展与人生幸福的基石。每个成长中的大学生,在人际交往中都会或多或少出现这样那样的问题。究竟该如何改善人际关系,如何加强人际交往能力,是每个大学生迫切希望解决的问题。

第三章 人际交往

一、人际吸引的影响因素

(一)距离的远近

人与人之间关系的建立,总是以彼此的相互接触为前提的。人们常说"远亲不如近邻""远水救不了近火"。人与人之间空间距离越接近,就越容易建立密切的关系。研究表明,在交往的早期阶段,接近性是增进人际交往的重要因素之一。

(二)交往的频率

交往的频率是指人们互相接触次数的多少。一般说,交往的频率越多,就越容易形成密切的关系。因为交往的次数越多,越有利于彼此之间的相互了解,越容易形成共同的话题、共同的经验和共同的感受。但交往频率与亲密程度的关系呈倒 U 形曲线,过低与过高的交往频率都不会使彼此喜欢的程度提高,中等交往频率时,彼此喜欢程度较高。

(三)态度的相似性

人与人之间如果对事物有相同或相似的态度,有共同的理想、信念、人生观和价值观,就容易产生共鸣,在思想和情感上就比较融洽,容易形成密切的关系。因此,态度的相似性是建立人际关系的一个重要因素。正所谓"道不同,不相与谋"。

资料窗

纽加姆的实验

实验对象是公开征求的住宿志愿者,共17人,都是大学生。实验者提供给被试者免费住宿4个月,定期接受谈话和测验。实验过程是,进入宿舍之前,先测定被试者关于经济、政治、社会福利、审美等方面的态度、价值观以及他们的人格特征。然后将对于上述问题的价值观、人格特征相似和不相似的大学生混合安排在几个宿舍里,一起生活4个月。4个月内定期测他们对上述问题的看法和态度,让这些大学生互相评定室内人员,喜欢谁,不喜欢谁。实验结果表明,在相处的初期,空间距离决定他们之间的吸引,到了后期,他们的相互吸引发生了变化,彼此间的态度和价值观越是相似的人,相互之间的吸引力越大。说明态度的相似性是相处友好关系的重要因素。

(四)需要的互补性

当双方的需要以及对对方的期望正好成为互补关系时,就会产生强烈的吸引力。例如,独立性较强的人,往往喜欢和依赖性较强的人在一起;脾气急躁的人,往往喜欢和脾气温和的人相处。这是因为个人的气质特点适合对方的需求,可以取长补短、互为补充、各得其所,相互满足对方的需要,从而构成协调的人际关系。

研究表明,互补因素增进人际吸引,往往发生在异性朋友或夫妻之间。美国心理学家A.克克霍夫(1962)等人研究了已确立恋爱关系的大学生,结果发现,对短期的伴侣来说,推动吸引的动力主要是相似的价值观念,而驱使长期伴侣发展更密切关系的动力主要是需要互补。由此,A.克克霍夫等提出择偶的过滤假说,两个不相识的男女要结成终身伴侣,必须经过几道过滤关卡:①时空距离的接近;②人身的因素,主要指当事人的生活经济地位、受教育水平、信仰等;③态度与观念的相似;④需要的互补。

(五)才华与能力

"桃李不言,下自成蹊。"能力和才华在人际吸引中被认为更重要。人们喜欢与有才能的人在一起。与有才能的人在一起可以少犯错误,更有安全感,能获得更多的经验。但如果这种才能对别人构成比较大的压力,让人感受到自己的无能和失败,那么才能不会对吸引力有帮助。研究表明,有才能的人如果犯一些"小错误",会增加他们的吸引力。因此,提高自己的才能和学识有助于增强自己的人际魅力,但不要使自己处处表现出一个完人、圣人的样子,不要自命不凡。

资料窗

美国心理学家阿伦森进行了一则命名为"犯错误效应"的实验。

他准备了四个人的讲话录音,让众多被试评定最喜欢的人。这四个人分别是:①未犯错误,有超凡能力的人;②犯了错误,但有超凡能力的人(讲话结束时,他笨拙地把一杯咖啡洒在自己身上);③犯了错误,能力平庸的人;④未犯错误,能力平庸的人。

结果发现,犯错误而能力超凡的人被认为最有吸引力。

(六)外貌与仪表

亚里士多德说过:"美丽是比任何介绍信更为巨大的推荐书。"个人的外貌、穿着、仪态、风度等,都会影响人们彼此间的吸引,尤其在初次见面时,由于第一印象的作用,仪表因素占重要地位。但社会交往的时间越长,仪表因素的作用越小,吸引力将会从外在的仪表逐渐转入人们内在的道德品质。

(七)个性品质

人的气质类型、性格特点等,当然最重要的是人品,都直接影响人际关系的好坏。外表美是一时的,而心灵美是经久的。比起外貌与才华,个性品质具有更大、更持久、更稳定、更深刻的吸引力。随着交往的深入,人们更注重人的内在品质,社会心理学研究表明,那些在人际交往中很受欢迎、颇有"人缘"的人一般具有以下特点:乐观、聪明、有个性、独立性强、坦诚、有幽默感、能为他人着想、充满活力等;而那些在人际交往中不受欢迎的人往往有这样一些特点:自私、心眼小、斤斤计较、孤傲、依赖性、自我中心、虚伪自卑、没有个性。有人在对大学生的调查中也发现,大学生对他人真诚的期望是最高的。

(八)人际交往的技能

人际关系需要经营,人际交往是一门艺术,也是一种技能。这些方法和技能是每个人都需要实践的。你不需要社交的禀赋,不需要外向的性格,不需要天生的丽质,不需要出众的才华,不需要很高的地位,实践这些方法,你依然可以成功建立和拥有广泛而有效的人际关系。

资料窗

如何与陌生人建立良好第一印象?

社会心理学家艾根1977年根据研究得出,同陌生人相遇时,按照SOLER模式表现自己,可以明显地增加别人对我们的接纳性。S(sit)表示坐姿或站姿要面对别人;O(open)表示姿势要自然开放;L(lean)表示身体要微微前倾;E(eye-contact)表示目光接触;R(relax)表示放松。这样的做法会传递出"我很尊重你,对你很有兴趣,我内心是接纳你的,请随便"的信息。

戴尔·卡耐基在他的《怎样赢得朋友和影响他人》一书中提出了建立良好第一印象的六大途径:①真诚地对别人感兴趣,不要对别人摆架子。架子,是一文不值的,要学着无微不至地关心人、爱护人,如果他人有了什么成绩或功绩,就要主动地予以承认、肯定。②微笑,每天都要笑迎世界,你要把每个曾经接触过的人当成是你非常崇拜的人物来对待。③多提别人的名字,在人际关系里,总是不断地渴望对方铭记自己的重要性,在交往中一定要多提别人的名字。④做一个忠实的听众,鼓励别人谈他自己,每个人都需要有自我表现的机会。在初次交往中,有效地表现自己固然重要,但做一个耐心的听众,鼓励别人多谈他们自己,同样是不可少的。⑤谈符合别人兴趣的话题。⑥以真诚的方式让别人感到他很重要。

二、建立健康的人际交往模式

美国著名心理学家爱利克·伯奈提出了四种人际交往模式:
我不好—你好,我不行—你行(自卑、恐慌);
我不好—你也不好,我不行—你也不行(不喜欢自己也不喜欢别人);
我好—你不好,我行—你不行(骄傲自大,自以为是);
我好—你也好,我行—你也行(理性、理解、宽容、接纳)。

(一)"我不好—你好""我不行—你行"

著名心理学家阿德勒指出,人在生命的初始是依赖于周围的人而生存的,与周围的成人相比,儿童常常感到自己的无能,因而从小就有自卑感,因而在潜意识中形成了"我不行—你行"的心理模式。人的成长过程也就是逐渐克服这种心态的过程。有的同学由于在个体社会化过程中,尚未完全摆脱儿时形成的这种心理行为模式,因而在人际交往中常常表现出不同程度的自卑和恐慌,最为极端的表现是社交恐惧症。

(二)"我不好—你也不好""我不行—你也不行"

这种交往模式常常表现为不喜欢自己也不喜欢别人,既看不起自己也看不起别人,既不会去爱人,也不能体验和接受他人。

(三)"我好—你不好""我行—你不行"

这种交往模式常常表现为充满优越感,骄傲自大,自以为是,总以为自己是对的,别人是错的。如果自己对别人好而别人对自己不好,就会为此感到愤愤不平。把人际交往失败的原因都归咎为是他人的责任。

这三种交往模式都会阻碍人际交往,不利于心理发展和心理健康。

(四)"我好—你也好""我行—你也行"

这是一种成熟的、健康的交往模式。相信自己也相信他人,爱自己也爱他人。这种人不是十全十美的人,却能客观地悦纳自己和他人,正视现实,并努力去改变自己能改变的事物,善于发现自己、别人和外部世界的光明面,从而使自己保持一种积极的、乐观的、进取的、和谐的精神状态。

三、掌握人际交往的艺术

(一)语言艺术

"良言一句三冬暖,恶语伤人六月寒。"这句话告诉我们交往时要注意运用语言的艺术。语言艺术运用得好,就能优化人际交往。相反,如果不注意语言艺术,往往在无意间出口伤人,容易产生矛盾。

1.称呼得体

称呼反映出人们之间心理关系的密切程度。恰当得体的称呼,使人能获得一种心理满足,使对方感到亲切,交往便有了良好的心理气氛;称呼不得体,往往会引起对方的不快甚至愤怒,使交往受阻或中断。所以,在交往过程中,要根据对方的年龄、身份、职业等具体情况及交往的场合、双方关系的亲疏远近来决定对方的称呼。对长辈的称呼要尊敬,对同辈的称呼要亲切、友好,对关系密切的人可直呼其名,对不熟悉的人要用全称。

2.语言表达恰当

(1)正确运用语言,表达清楚、生动、准确、有感染力、逻辑性强,少用土语和方言,切忌平平淡淡、滥用辞藻、含含糊糊、干巴枯燥。

(2)语音、语调、语速要恰当,要根据谈话的内容和场合,采取相应的语音、语调和语速。

(3)讲笑话要注意对象、场合、分寸,以免笑话讲得不得体,伤害他人的自尊心。

3. 适度赞美

每个人都希望别人赞美自己的优点。如果我们能够发掘对方的优点,进行赞美,他会很乐意与你多交往。但是赞美要适度,要有具体内容,绝不能曲意逢迎。真诚的赞美往往能获得出乎意料的效果。

4. 巧用幽默

幽默是智慧的结晶,是一种高超的语言艺术。幽默能调节气氛,消除疲劳,化解冲突,使交往充满轻松和快乐。

5. 避免争论

大学生喜欢争论,但争论往往在互不服输、面红耳赤、不愉快中结束。有时甚至会演变成对他人的人身攻击。因此大学生要尽量避免争论,而要通过讨论、协商的途径解决分歧。

语言艺术运用得好,就能吸引和抓住对方,从内容到形式满足对方需要,使交往关系密切起来。

心理美文

毕淑敏:鱼在波涛下微笑

心在水中。水是什么呢?水就是关系。关系是什么呢?关系就是我们和万物之间密不可分的羁绊。它们如丝如缕,百转千回,环绕着我们,滋润着我们,营养着我们,推动着我们。同时也制约着我们,捆绑着我们,束缚着我们,缠绕着我们。水太少了,心灵就会成为酷日下的撒哈拉。水太多了,堤坝溃塌,如同2005年夏的新奥尔良,心也会被淹得两眼翻白。

人生所有的问题,都是关系的问题。在所有的关系之中,你和你自己的关系最为重要。它是关系的总脐带。如果你处理不好和自我的关系,你的一生就不得安宁和幸福。你可以成功,但没有快乐。你可以有家庭,但缺乏温暖。你可以有孩子,但他难以交流。你可以姹紫嫣红宾朋满座,但却不曾有高山流水患难之交。

你大声地埋怨这个世界,殊不知症结就在你自己身上。

你爱自己吗?如果你不爱自己,你怎么有能力去爱他人?爱自己是最简单也是最复杂的事情。它不需要任何成本,却需要一颗无畏的灵魂。我们每个人都是不完满的,爱一个不完满的自己是勇敢者的行为。

处理好了和自己的关系,你才有精力和智慧去研究你的人际关系,去和大自然和谐相处。如果你被自己搞得焦头烂额,就像一个五内俱空的病人,哪里还有多余的热血去濡养他人!在水中自由地遨游,闲暇的时候挣脱一切羁绊,到岸上享受晨风拂面,然后,一个华丽的俯冲,重新潜入关系之水,做一条鱼在波涛下微笑。

(二)非语言艺术

非语言方式也是交往沟通的重要途径,是指人际沟通过程中人们运用自己的肢体语言以及肢体动作和周围的环境因素等交流思想、情感和信息的沟通形式。主要包括:

1. 眼神、手势、面部表情、姿态、位置、距离等要素

掌握和运用好这种交往艺术,对大学生搞好人际交往是不可少的。"眼睛是心灵的窗户""眼睛像嘴一样会说话"。面部表情是内心情绪的外在表现,它们均能表达人的态度和情感。如眉飞色舞表示内心高兴,怒目圆睁表示愤怒等。交往中还可用人来表达思想。大学生在人际交往中根据谈话的内容和场合,正确运用非语言艺术,巧妙地表达自己的思想感情,有时能起到"此时无声胜有声"的作用。非语言艺术要运用得恰到好处,不可过于频繁和夸张,以免给人手舞足蹈之感。

心理故事

《列宁在一九一八》影片中,克里姆林宫的守卫队长马特维耶夫打入敌人营垒,由于伪装巧妙,没有露出破绽。但有一次,当他突然听到敌人要刺杀列宁时,在敌人面前不由自主地站了起来,引起了敌人的怀疑和追杀。这就是体态语言的一个显著特性——富有心理表现力。

2. 学会有效地聆听

人际关系学者认为"倾听"是维持人际关系的有效法宝,几乎所有的人都喜欢能听他讲话的人。所以,大学生要学会有效地聆听。在沟通时,作为听者要少讲多听,不要打断对方的谈话,最好不要插话,要等别人讲完之后再发表自己的见解;要尽量表现出聆听的兴趣,听别人讲话时要正视对方,切忌小动作,以免对方认为你不耐烦。力求站在对方的角度,设身处地地考虑问题,对对方表示关心、理解和同情,不要轻易地与对方争论或妄加评论。

 **知识链接**

倾听"八不"原则

不否定对方的知觉;不反驳对方的情绪;
不毁掉对方的愿望;不嘲笑对方的行为;
不轻视对方的观点;不损伤对方的品行;
不贬低对方的人格;不怀疑对方的经验。

(三)努力增强自己的人际魅力

人际魅力,是指在人际交往过程中形成的,个体对他人给予的积极和正面评价的倾向。每个人都有自己喜欢的人,并愿意与之交往;每个人也都有自己讨厌的人,不愿意和这些人交往。这种现象反映的实际上就是人际吸引。那么,大学生如何增强人际吸引力,做一个受欢迎的人呢?

1. 努力建立良好的第一印象

怎样表现才能给人留下良好的第一印象呢?心理学家卡耐基在其著作《怎样赢得朋友,怎样影响别人》一书中总结出给人留下良好的第一印象的六种途径:①真诚地对别人感兴趣。②微笑。③多提别人的名字。④做一个耐心的听者,鼓励别人谈他们自己。⑤说符合别人兴趣的话题。⑥以真诚的方式让别人感到他很重要。

2. 塑造个人的内外气质

追求美、欣赏美、塑造美是人的天性。美的外貌、风度能使人感到轻松愉快,并且在心理上构成一种精神的欣赏。所以,大学生应恰当地修饰自己的容貌,扬长避短,注意在不同场合下,选择样式和色彩符合自己的服装,形成自己独特的气质和风度。同时,大学生应注意追求外在美和内在美的协调一致,即秀外慧中。但随着时间的推移、交往的加深,外在美的作用会逐渐减弱,对他人的吸引会逐渐由外及内,从相貌、仪表转为道德、才能。

3. 培养良好的个性特征

良好的个性特征对建立良好的人际关系有吸引作用,不良的个性特征对建立良好的人际关系有阻碍作用。生活中,大家都愿意与良好性格的人交往,没有人愿意与自私、虚伪、狡猾、性情粗暴、心胸狭隘的人打交道。因此,要不断形成良好的个性特征,注意克服性格上的弱点。

4. 加强交往,密切关系

心理学研究表明,人与人之间空间距离上的接近,是促进人际吸引的重要因素,因为人与人之间空间位置上越接近,彼此交往的频率就越高,越有助于相互了解、沟通情感、密切关系。即使两个人的人际关系比较紧张,通过交往,也有可能逐步消除猜疑、误会。反之,即使两人关系很好,但如果长期不交往,彼此了解减少,其关系也可能逐渐淡薄。大学生同住在一起,接触密切,这是建立友情的良好的客观条件,应充分利用这一条件,与同学保持适度的接触频率,才能使人际关系不至于淡化甚至消失,切忌"有事有人,无事无人"。

人际交往关系到我们一生的成败、幸福,我们不能不重视它。如何正确处理好人与人之间的关系是一门学问,更是一种艺术。但是,掌握这门艺术的关键是我们对人性的了解和掌握,了解自己的长处和局限,并不断地完善自己,我们就能减少防卫,更坦然地走向他人,更自信地与他人交往。

心理实训

解手链

形式:10人左右一组

时间:20分钟

实训目的:让学员体会在解决团队问题方面都有什么步骤、聆听在沟通中的重要性,以及团队的合作精神。

操作程序:

1.指导者让每组学员围成一个向心圈。

2.指导者说:先举起你的右手,握住对面那个人的手;再举起你的左手,握住另外一个人的手;现在你们面对一个错综复杂的问题,在不松开的情况下,想办法把这张乱网解开。

3.告诉大家一定可以解开,但答案会有两种。一种是一个大圈,另外一种是两个套着的环。

4.如果过程中实在解不开,指导者可允许学员决定相邻两只手断开一次,但再次进行时必须马上封闭。

讨论:你在开始时感觉怎样,是否思路很混乱?当解开了一点以后,你的想法是否发生了变化?最后问题得到了解决,你是不是很开心?在这个过程中,你学到了什么?

第四章 学习与心理健康

学习目标
1. 掌握大学生学习能力培养的途径。
2. 熟悉大学生常见的心理问题及调试的方法。
3. 了解大学生学习的特点。

书到用时方恨少,事非经过不知难。

——陆游

未来的文盲不是目不识丁的人,而是那些没有学习能力的人。

——(美)阿尔文·托夫勒。

一个人倘若不懂学习、不爱学习、不会学习,那将是未来社会中最不具竞争力的实体。因为"人不光是靠他生来就拥有一切,而是靠他从学习中所得到的一切来造就自己"(歌德)。

希望高职生朋友们能够学会学习、解答学习中的问题与困惑,掌握学习策略,从而主动学习、快乐学习。

案例:

赵某,某校大一学生。自幼学习上进,深受老师器重。每逢市里竞赛,学校均推荐她参加,这对其精神造成一定压力。赵某本人对数学兴趣不浓,但老师对其依然期待,在一次竞赛中举荐她参加。其虽有心拒绝,但想这是一种荣誉,亦是学校及老师对自己的器重,遂勉强答应。考前一夜未睡,考场上脑子一片混乱,记忆出现盲区,因而心慌意乱,浑身出汗。后勉强交卷,成绩甚为失败。从此出现睡眠障碍。考上大学以后,第一学期期末考试数学便不及格。在中学学习时因数学不是强项且自己对其不感兴趣,故而报考了社会科学专业。然而没有想到的是该专业也要学习微积分,这就给她带来了沉重的心理负担。每到期末复习考试临近期间就紧张焦虑,伴有严重的睡眠障碍。

问题:
1. 这一同学主要的心理问题是什么?
2. 如何帮助她解决心理问题?

第一节 大学生学习的特点

相对于前一阶段的高中学习情况而言,大学的学习具有鲜明的特点。

一、大学学习的专业性特点

高等教育的三大职能之一是服务社会,大学生学习的最终目标就是为以后走入社会打好基础。在我国,大学生在入学前就已选好专业,学习具有显著的职业确定性,学习定向的专业知识和培养专业技能。在现代,社会对大学生专业的学习要求更高,不仅要求学生具有专业的操作能力,还应有专业的思维能力。专业的思维能力包括专业思想、专业学识、专业学问三个方面。

二、大学学习的自主性特点

学习是自主的,存在很大的自由空间,在当今信息化背景下,学习资源更充裕,自主性特点更明显。无论从学习内容、学习时间及学习方式都更加强调个体在学习活动中的自主性。

一是大学学习的目的和奋斗目标是个性化的,是需要自己去思考、去规划的。

二是大学学习无固定课程、固定教室、固定老师、固定同学,这种变化性使大学富有张力,具有很多自主选择的机会。

三是在大学里需老师教的内容相对较少,要求学生学习的知识却相对较多,大学属于一种智慧教育,它要求学习者必须拥有独立的思想和见解,具备自主寻求知识关联性的能力,拥有独立思考、判断问题的能力和掌握创新新知识的方法。

四是在当今信息化社会,多媒体、网络等现代技术给学习带来了便利,也给大学生带来挑战,如何正确利用信息技术更需要学生自主决策。因此,大学学习要求学生学会独立生活、独立做人、自我教育、自我规划。

三、大学学习方式的多样性、选择性和广泛性特点

大学生学习空间大大扩展,有知识密集的教师群体,有设备先进的实验室,有藏书丰富的图书馆。学习方法有课堂讨论、看参考书、写读书笔记或论文,学习途径多样,上选修课、听学术讲座、参与教师的科研、自学、实验、教学实习、生产实习、社会实践,增加了学习的选择性和广泛性,使大学生可以积极主动地获取知识。

四、大学学习的实践性特点

实践学习是相对于理论学习而言的,是大学学习的基本形式之一。理论学习的目的主要是让学生明了学科知识的原理、框架、内涵等,发展学生的智力。而实践学习则是以动手操作为主,将学生置于真实的社会情境中解决实际问题,促使学生学会更深刻地理解、验证以及运用理论知识,提升学生的技能及思维能力。当今世界瞬息万变,知识日新月异,注重实践学习显得更加重要。

第二节 大学生学习能力的培养

孟子曰:"君子深造之以道,欲其自得之也。自得之,则居之安;居之安,则资之深;资之深,则取之左右逢其源。故君子欲其自得之也。"在他看来,一个人获得高深的造诣,要靠自己积极主动地学习;经过积极主动的学习,所学的知识就能牢固地掌握,就能积累起丰富的知识,在应用知识的时候就能得心应手,左右皆宜。现代社会是科学技术迅猛发展的信息化社会,要求个体能主动地摄取最有用的信息。现代社会是文化多元、环境复杂的社会,要求人们有独立的思维能力。人们在当今知识总量以成倍速度递增的前提下,要赶上信息时代的步伐,学习能力的培养是关键。大学生学习能力的培养可以从以下几个方面着手。

一、学会设定合理目标

中学时代,同学们都有一个明确的目标,就是"考大学"。几乎所有的学习都围绕这个目标而展开。而当这一目标实现以后,同学们就纷纷进入"梦想间歇期"。没有梦想和目标的同学们恰似"无头苍蝇"一般到处乱撞。撞入各大社团的同学们用各种各样的社团活动填满自己的时间;没撞入的同学或逛街看碟,或沉迷于网络游戏中虚拟的升级和通关。现实生活中有太多方式让你轻而易举地忙碌起来。然而,忙碌了一天的你,在夜深人静时分是否会觉得这一天的忙碌充实而有意义呢?

正如苏格拉底的箴言"未经思考的人生是不值得活的"。作为一名大学生,给自己设定一个合理的目标,可以更好地规划自己的学习生活,同时也是大学生提高学习、生活的效率,实现自身的人生价值,成就未来事业的根本保证。

(一)分阶段确定自己的目标

按目标适用的时间范围,可把目标分为短期目标、中期目标、长期目标。大学学习生活时间虽然只有短短的几年,但是,结合学习的进度和具体学习内容,制定分阶段的目标也非常必要。短期目标的实现是为中期、长期目标的实现服务的。

具体而言,进入大学后,我们最先应该设定一个长期目标,比如"毕业时我想成为什么样的人",也可以是"找到一份好工作"。接下来,我们就应该去了解:要成为这样的人,要找到一份这样的工作,我们应该要具备什么样的条件。这些条件就成为我们要努力达到的中期目标了。比如,同学毕业后想成为某著名外企的员工。他了解到,这家外企对员工的专业技术能力、组织能力、沟通协调能力要求比较高。那么,在大学三年中,他就应当通过学习专业知识,参加和组织团体活动来培养这些能力。而这位同学的中期目标可以设定为:①每学期专业考试成绩为优秀;②成为优秀的学生干部。更具体的目标——短期目标可以是:①所有专业考试成绩为 85 分以上;②竞选成为学生干部,并组织两次集体活动。

(二)分领域确定自己的目标

对不清楚自己长期目标的同学,还可以采用这种方法来设定自己的目标。通常可以把大学学习划分为以下几个领域。

(1)专业学习。专业学习是一个人成为专业人才的关键,是所有同学的目标都应该包括的领域。这一类的目标可以是"每学期专业考试为优秀""获得本学期的奖学金"等。

(2)技能学习。主要是计算机、英语和写作这三种通用技能的学习和掌握。这类目标可以是"通过公共英语三级考试""通过国家计算机二级考试"等。

(3)兴趣学习。大学里,可以充分地培养自己的兴趣爱好和特长,而不局限于自己所学的专业。有许多有成就的人士,他们所从事的领域并非是他们最初的专业。他们正是在逐渐的接触和学习中发现了自己浓厚的兴趣和天赋。因此,同学们也可以设定一些兴趣学习的目标,发展自己的爱好和特长,有利于自身全面的发展,兴许也能在其中找到自己挚爱一生的职业方向。比如"通摄影""成为业余围棋高手"等。

(4)一般能力培养。这一类的目标主要是语言表达能力、沟通协调能力、组织能力、逻辑思维能力等体现大学生素质的一般能力的提升。比如"获得辩论赛最佳辩手"就是一个为了提升语言表达能力而制定的目标。

二、提高学习的专注程度

凡是在事业上有建树的人,不论在学习还是在工作中,注意力都高度集中。陈景润、居里夫人、牛顿等科学家们专注工作的故事比比皆是。在智力水平相当的条件下,注意状态就决定了学习效率。

为什么注意状态对学习效率有决定性的影响呢?原来,人在清醒的时候,每一瞬间都在注意着一种或几种外界事物,在大脑皮层中形成一个优势兴奋中心,大脑皮层的其他部位处于抑制状态。这样,被注意的事物就能够及时、清晰地被反映,在大脑中留下深刻的印象。兴奋中心的强度越大,其他部位的抑制就越深。所以,只有当我们的注意力集中于学习的时候,我们的大脑皮层才会为学习发生兴奋,才能深刻理解学习内容,牢固记住所学知识。反之,学习时心不在焉,学习内容就不能在大脑中得到清晰的反映,对知识的理解就不深透,记忆也不牢固。

注意力的集中作为一种特殊的素质和能力,可以通过训练来获得。下面介绍一些简单实用的方法,让同学们训练自己的注意力,提高自己专心致志的素质。

(一)明确的学习任务和计划

有明确的学习任务和计划,要求自己在规定的时间内完成学习任务,就会树立起学习的紧迫感,就会自觉地集中注意力,使自己保持良好的状态进行学习。学习任务和计划越具体,效果越好。要明确在多长的时间完成什么学习任务,如上午要学习英语,时间是几点到几点;其中几点到几点是背单词,多少个;几点到几点是做阅读理解题,几篇。开始学习前明确你的任务和计划会给你带来时间的紧迫感,会让你忘记琐碎的小事,快速投入到学习当中去。

另外,在安排学习任务时,应注意各科课程的交替和轮换。在一个学习内容上集中的精力久了,人就会感到疲劳,注意力逐渐涣散。但如果换一个学习内容,人又会振作起来,注意状态又得到恢复。各种学习活动应结合起来。学习的时候,看、读、写、思、记结合起来,交替进行,有利于注意状态的保持。单纯的看或者写,都容易使人感到枯燥和乏力。

在课外,也要制订明确的学习计划。晚上要完成哪些作业,复习哪些知识,预习哪些课程,先做什么后做什么,各项学习任务安排多少时间,对这些任务都要胸有成竹,并且要按计划完成预定的学习任务。

(二)排除外界干扰

在学习中,外界有许多事情都会刺激我们,干扰我们的注意。例如,你在听课,而邻位的同学要和你讲话;你在做作业,而同学叫你去打球;你在看书,而电视里播放着精彩的节目。一般进入专注状态需要15分钟时间,如果每5分钟就要被打断一次,你又如何能够聚精会神?

克服外界干扰有两种方法:一是选择安静的学习环境,图书馆或者自习室,这样可以减少外界的不良刺激。如果是在家或者宿舍学习,不要一边学习一边和家人或同学交谈。关掉收音机和音乐。有些同学说他们可以一边听摇滚乐一边温习功课,这当然不是好的学习方法。二是锻炼自己的意志品质,学会闹中求静的本领。即不管外界有什么干扰,都要努力控制自己,不动摇自己的信念,不影响自己学习的决心和学习计划。毛泽东在青年时代,为了培养和锻炼自己的注意力,故意到人群来往嘈杂的城门读书。由此可见,提高自己的意志品质是克服外界干扰的根本方法。

(三)排除内心的干扰

在这里要排除的不是环境的干扰,而是内心的干扰。环境可能很安静,但是,自己内心可能有一种骚动,有一种与学习不相关的干扰自己的情绪活动。

对各种各样的情绪活动,要善于将它们放下来,予以排除。比如你担心一位生病的朋友,你可以在开始学习前打电话去问候他,或者抽出时间去看望他。但是,等你坐下来开始学习的时候,就要百分百地投入。或者,你因为向往晚上的一场舞会而做起白日梦来。你可以在学习前安排10分钟给自己尽情地畅想。时间到了,默念一遍你的学习目标和任务,马上开始投入学习。

(四)张弛有道,劳逸结合

你准备花一个上午学习英语。早晨8:00你就急匆匆地赶到图书馆,连早饭都来不及吃。一上午你的屁股都没离开座位,看起来你好像很认真地在复习功课,书一直在手边。但是,只有你自己知道,平均每十分钟你就看看表,算算还有多久能休息。一上午就这样过去了,虽然你没有休息,但是学习也没有什么成效。你有过这样的经历吗?还是你从来都是这样?

学习时应当张弛有道,劳逸结合。学习时,要高度地集中注意力。学习一段时间后,要好好休息。学习的时候不想着休息,休息的时候不惦记着学习。这就是张弛有道。科学安排学习和休息,可以保持良好的精神状态。在安排学习时要注意以下几点。

(1)要劳逸结合。在学习感到疲劳的时候,要适当休息,或去做一项其他活动,待恢复了良好的精神状态时再进行学习。

(2)要适当参加体育锻炼,提高身体素质。身体状况决定了专注程度。没人会指望一个醉醺醺的家伙百分百地投入工作。长期睡眠不足,过度使用兴奋药物(比如咖啡因),酗饮浓食,摄入过多能量,这些都会影响你集中注意力的能力。体质差的人,学习容易疲劳,注意力不能长时间保持集中。

(3)要保证学习过程精力充沛,不会饥饿。同学们普遍反映,上午第四节课精神状态不好,注意力容易分散。其原因是疲劳和饥饿。因此,大家要吃好早餐,为上午四节课的学习准备充足的物质基础。

三、提高记忆的效率

记忆是智慧的仓库,人的一切知识都是依靠记忆保持着。一个人如果没有记忆,那就不可能进行学习,学习也没有意义。记忆力强的同学,学习效率高,能牢固掌握所学知识;而记忆力差的同学,学习效率低,学过的知识容易遗忘。

尽可能动员多种感官参加学习活动。心理学研究表明,人在学习时,只听能记住60%,只看能记住70%,而看、听、说能记住86%。由此可见,学习时,听的记忆效果最差,正所谓"耳闻不如眼见,更不如闻、看、说、写"。多种感官的调动,能动员脑的各部位协同合作,来接收和处理信息。这种方法在掌握各种语言文字的过程中效果显著。提高记忆的效率的方法如下。

(一)及时复习

德国心理学家艾宾浩斯对遗忘现象做了系统研究,发现了一条规律:遗忘进程是不均衡的,在识记后的短期内的遗忘速度比较快,而以后遗忘的速度逐渐缓慢,如图4-1所示。

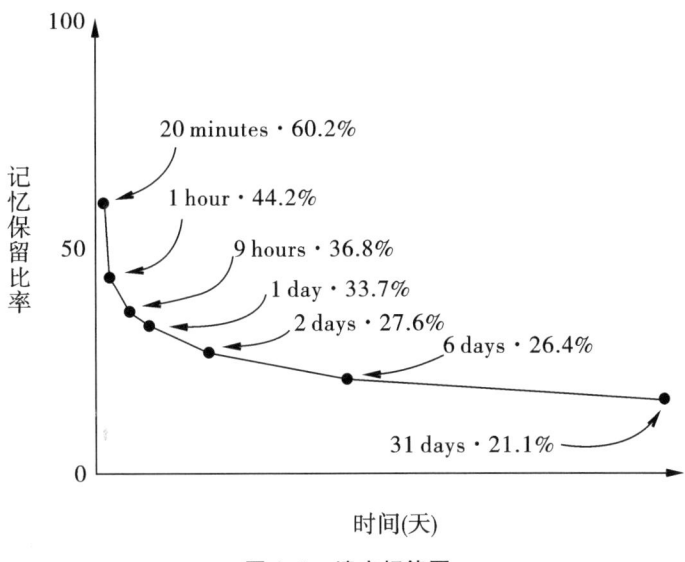

图 4-1 遗忘规律图

及时复习是战胜遗忘,提高记忆效率的根本方法。根据遗忘规律可知,刚学的知识头几天的遗忘速度很快,这几天应经常复习,以后遗忘的速度慢了,复习的次数就可以减少,时间间隔可以拉长。有一个日本人,在 20 分钟后就复习学过的知识,3 小时后再复习一次,第 2 天进行第 3 次复习,1 周后第 4 次复习,1 个月后第 5 次复习,此后隔更长一些时间再复习一次,一直复习到第 13 次为止。应用这种方法,他轻轻松松地牢记了 15 000 个英语单词。

(二)联想

人脑如同一架联想的机器,通过联想将内容相近、相似、相反或有因果关系的材料联系起来记,能够大大提高记忆效率。

(三)适当的超额学习

超额学习是指记忆一种材料的学习次数超过那种刚好能回忆起来材料的次数。众所周知,学习分量越多,记忆越困难。因此,在选择学习分量时提倡适当的过度即超额。那么怎样的超额效果最佳呢?心理学研究证明,如果将刚能复述的学习材料的时间作为100%,那么最好的超额时间是 50%,其学习总时间为 150%。时间过短或过长都达不到较高的记忆效率。

(四)分散学习优于集中学习

根据大脑生理活动和遗忘规律,人们如果长时间单一地学习一门课或一种材料,会产生催眠作用,引起人的睡眠。因此,提倡分散学习可以提高记忆效率。

第三节　常见的学习心理问题及调适

一个准备退学的学生,他说自己对学习很讨厌,每次进教室上课,感觉整个人浑身不舒服,看哪个老师都不顺眼。有一段时间,由于家长与老师的劝阻,他没有退学,坚持上学,当时想如果用心学习的话,也许不会排斥学习,就能把学业完成。所以他每次上课都认真地听老师讲课,可是不知道为什么,一堂课下来很多知识还是没有听懂。每每看到自己不懂的问题被别的同学回答得头头是道的时候,他就对学习更加厌恶,一个月下来,心情很压抑,也很矛盾,不知道该怎么办。

学习需要生理上、心理上的支持与配合,才能顺利完成。在现实的学习活动中,我们每个人都或多或少地遇到过一些心理问题,致使学习效率降低,学习效果变差,学习任务不能顺利完成。下面就让我们盘点一下吧!

一、学习动机不当

学习动机是直接推动学生进行学习的一种内在力量,是有效地进行学习的必要因素。心理学家耶克斯和多德森(Yerkes & Dodson,1908)的研究表明,各种活动都存在一个最佳的动机水平。动机不足或过分强烈,都会使工作效率下降。研究还发现,动机的最佳水平随任务性质的不同而不同。在比较容易的任务中,工作效率随动机的提高而上升;随着任务难度的增加,动机最佳水平有逐渐下降的趋势。也就是说,在难度较大的任务中,较低的动机水平有利于任务的完成。这就是著名的耶克斯-多德森定律(图4-2)。

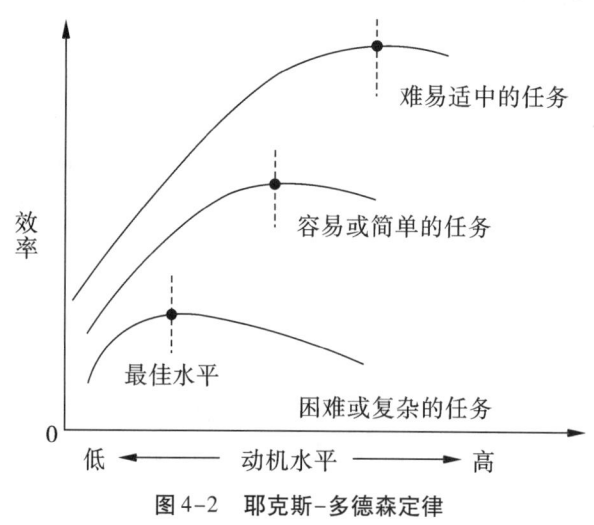

图4-2　耶克斯-多德森定律

动机不当表现为学习动机不足与学习动机过强。高职生更多地表现为动机不足。

(一)学习动机不足

学习动机不足是指学习没有内在的驱动力量,没有明确的学习目标和方向,缺乏求知欲,无知识要求,不想学习,甚至厌倦学习,也就是有的学生常讲的"学习没劲"。

1.学习动机不足的主要表现

(1)学习松弛。进入大学以后许多学生从心理上摆脱了高中时沉重的学习压力,产生了"革命到头"的感觉。不愿学习,不愿看书,不愿做作业,对学习敷衍了事。

(2)没有学习的热情。没有学习的抱负和希望,懒于学习,常常喧宾夺主、主次颠倒,把大量时间和主要精力放在娱乐等与学习无关的活动上,如看电影、玩网上游戏、聊天、过分热衷社交活动等。

(3)学习焦虑水平过低。学习肤浅,满足于一知半解,对学习好坏和考试成绩满不在乎,缺少必要的压力、必要的唤起水平和认知反应。

(4)注意力易分散。兴趣易转移,学习肤浅,易受各种内外因素的干扰,满足于一知半解。

2.学习动机不足的成因

(1)社会原因。社会发展中的不良现象如拜金主义、分配不公、读书无用论、知识贬值、腐败现象等,对高职生价值观难免产生一些影响,导致高职生的学习动机减弱或缺乏。

(2)学校原因。校园的环境、教学设施、师资水平、校风、校纪、学风等都会影响到学生的动机。例如,学校专业设置的不合理,教育教学方法陈旧,单调的校园文化活动等都会导致学生学习动机缺乏或减弱。

(3)家庭原因。学生家庭的经济条件、父母不恰当的期望等都会对学生的学习动机产生直接的影响。有的因家庭经济条件优越,认为"背靠大树好乘凉";有的认为自己有个好爸爸,"车到山前爸有路"。

(4)个人原因。学习动机受多种因素影响,但个人因素是导致学习动机缺乏的主要因素。例如,学习动机不明确,自己成长的目标不明确,对所学专业缺少兴趣,错误归因等。

3.学习动机不足的调适

(1)端正学习态度。学习态度是指学生对学习的较为持久的肯定或否定的内在反应倾向,通常可以从学生对待学习的注意状况、情绪倾向与意志状态等方面来加以判定和说明。学习态度受学习动机的制约,是影响学习效果的一个重要因素。端正学习态度的根本是要有正确的学习目标。

(2)培养学习兴趣。兴趣是人们将注意力集中于某一对象,并伴有喜欢、愉悦的感情体验的心理状态。兴趣是引起和维持注意的一个重要的内部因素,是学习过程中一种积极的心理倾向。高职生要想在学习中发挥积极性和创造性,就要培养自己对所学知识的浓厚兴趣,这样才会心向神往,保持积极的学习态度。

(3)强化学习动机。学生的学习动机系统是由多种动力因素组合而成,而且是随着年龄、个人经历、教育影响和社会条件的不同而发生变化的。因此,学校有关部门和老师应有针对性地创造条件以利于学生自我定向、自我发展,这样才能激发学生正确的学习动机。

(4)改善学习的外部条件。针对学生学习动力不足的外部原因,应通过多方面的努力改善外部环境和条件。每个人都应对自己所生存的社会变化有足够的认识,对未来有新的展望,这样才能正视现实,因此主动改善环境,增强自己在当前和未来的适应能力。

(二)学习动机过强

1. 学习动机过强的表现

(1)精神紧张。学习动机过强使大脑一直处于高度紧张、兴奋状态,长时间的超负荷学习、巨大的精神压力而导致心理承受力下降,也会使精力分散,思维迟钝,记忆力减退,学习效率降低,甚至还伴随头痛、头晕、失眠多梦、惊慌、胸闷、胃肠不适等症状。

(2)过于刻苦勤奋。学习动机过强者,往往是全身心地投入学习,不怕苦,不怕累,甚至可以废寝忘食。这些学生往往认为,学习才是至高无上的,把时间花在娱乐活动中就是一种浪费。

(3)对自我要求过严,容易产生自责。动机过强者追求学习上的高目标,对自己的要求是只能成功,不能失败。一旦失利,就会自责并给自己施加更大的压力。这样超强度地运转,必然导致最后的失败。

2. 学习动机过强的原因

(1)成就动机过强。有的同学对自己的能力缺乏正确的认识,自我估计过高,所确立的抱负和期望远远超过自己的实际水平,由于心理压力太大,最后多半导致失败,而失败的体验又会挫伤自信心和自我效能感,最终使抱负和期望变得很低。

(2)自尊心过强。过分看重成绩和荣誉。

(3)有一定的补偿心理。有的高职生除学习以外没有其他的爱好和特长,不能在校园里和同学中引人关注,因而希望通过学习上的出类拔萃来得到补偿。

3. 学习动机过强的调适

(1)客观地认识自己,提出与自己的能力相适应的抱负和期望。

(2)制定切实可行的阶段性目标,脚踏实地地去履行。

(3)淡化名利得失,把关注点聚焦在学习活动中,而不是关注成败后果,从而使学习效率提高,更能发挥水平,更有利于成功。

二、学习资源管理失衡

学习资源管理包括学习时间管理、学习环境管理、学习努力管理、学业求助管理。

(一)学习资源管理失衡的主要表现

(1)不会利用和合理安排时间,也不知道该做什么,有时无聊,有时又忙得焦头烂额。

(2)不会选择环境来学习,不善于利用环境学习,学习与娱乐分不开。

(3)总会因为一些琐事、情绪或不相关的事件干扰学习,不能有效地进行学习。

(4)学习一旦遇到困难,采取回避或放弃的方式进行应对。

(二)学习资源管理失衡的成因

(1)以往的学习过程中没有养成良好的学习习惯,做事没有效率与顺序,不会自己安排自己的学习。
(2)对自己的成长没有目标,对自己的未来也没有进行规划。
(3)欠缺一定的学习能力,不会搜索与选择一些信息。
(4)自我评价低,担心别人认为自己笨。

(三)学习资源管理失衡的调适

(1)统筹安排学习时间。根据自己的总体目标,对学习与生活中的活动进行重要性与紧迫性分类,即将其分为紧急且重要的活动、紧急但不重要的活动,不紧急但重要的活动、不紧急又不重要的活动,这样便可合理安排时间,同时高效利用最佳时间,合理安排零碎时间,让自己游刃有余。
(2)学习环境是可以人为地选择、改善与创设的。注意调节自然条件,如流通的空气、适宜的温度、明亮的光线以及和谐的色彩等。同时在条件允许时,寻找一个相对固定的自己感觉舒适与喜欢的学习场所,让自己在愉悦的环境下学习。
(3)为了更好地学习,还需要进行自我奖励,自我强化。
(4)学习工具是学习中必不可少的学习资源,学会有效利用现代化的学习工具对一生来说都是非常重要的。
(5)学习总需要与人交流,老师和同学是学习中最重要的社会性人力资源,必须善于利用。老师不仅是一座知识库,而且是学习的引路人和促进者;同学间的相互合作和讨论有助于彼此相互启发,达成对事物的全面理解。他人的帮助如同课本一样是一种重要的学习资源,学业求助不是自身能力缺乏的标志,而是获取知识、增长能力的一种途径。

三、学习无助感

学习无助感是指学生由于各方面的负面反馈而接受自己在学业上的失败。这种无助感不是先天形成的,而是在后天的学习生活中逐渐产生的。

(一)学习无助感的主要表现

(1)情绪失调,自卑、悲观等负面情绪较多。由于学习上多次尝试的失败,失去了耐心,学生的情绪容易变得烦躁,对引起失败的事件产生抵触情绪,进而感到悲观、失望、灰心丧气、抑郁、自卑,对自己缺乏信心。
(2)自我效能感低下。自我效能感指个体在执行某一行为之前,对自己能够在什么水平上完成该行为所具有的信念、判断或主体的自我感受。由于多次的失败,缺乏成功体验,因此对自己失去了信心,学生对自己完成学习任务的能力持怀疑和不确定的态度,认为自己没有成功的能力。

(3)产生厌学情绪,学习兴趣低下。学习兴趣是通过不断体验成功来激发和培养的。

(二)学习无助感的成因

(1)外部因素。外部因素主要是指他人的消极评价。许多学生刚入学时对学习充满热情,一切活动都愿意去尝试。但在遭受失败后,如果经常受到他人如教师或同学的批评和嘲笑,会产生焦虑情绪,对于探求事物和学习活动产生恐惧心理,感到信心不足,导致完成任务就显得格外困难。尤其是经历了一系列的失败之后,进而可能怀疑自己缺少取得成功的能力。

(2)内部因素。内部因素主要是指学生对自己不正确的归因。归因是个体寻求导致某种结果的原因的一种心理倾向,归因时常涉及能力、努力、任务难度和机遇等几方面的问题,一般把归因分为内控型和外控型两种。内控型是指把成败归结为自己持久的努力与能力;外控型是指把成败归结为任务的难度和机遇。一般来说,内控型的人具有较高的成就动机,有较强自尊心和自信心,相信勤奋出天才,无论成功和失败,他们能反省自己,不断进步。外控型的人缺乏自信,相信运气,顺其自然,跟着感觉走。

学习无助的学生倾向于把自己学习上的失败归因于内部稳定的因素,认为自己的能力差、智力低;而把偶尔的成功归因于运气、任务容易等不稳定的外部因素。因此,无论成功或失败,都无法激起他们获取成功的动力。

(三)学习无助感的调适

(1)强调优点。教师要注意善于发现学生的长处,并利用这些长处帮助学生克服学习无助感,坚信每个学生都有长处。

(2)淡化缺点。淡化缺点不是真的看不到学生有缺点,而是采取一种比较策略的方式去纠正它们。有时,教师不直接指出学生的缺点,而是在他有缺点的方面指出教师对他的期望,这样往往可以收到比批评、指责更好的效果。

(3)结合经验激发成功。学生往往对于那些与自身成功经历有关的课程比较有兴趣,也比较容易学好。如果教师能够结合他们的经验激发他们进行成功实践,扩大成功的经验对于提高学生的学习兴趣将起到很大的促进作用。

(4)正确归因。教师要指导学生进行正确归因,把成功归因于内控的、稳定的因素,把失败归因于外控的、不稳定的因素,帮助学生克服因失败、挫折等而产生的无助感。

四、学习疲劳

是指因长时间持续学习,从而在生理、心理方面产生劳累,致使学习效率下降,持续学习受到影响。

(一)学习疲劳的主要表现

(1)生理方面。主要表现为肌肉痉挛、麻木、眼球发疼、腰酸背痛、动作不准确、瞌睡等。

(2)心理方面。主要表现为感觉器官活动功能降低,注意力不集中、思维迟钝、情绪烦躁萎靡不振、学习效率下降、错误增多、出现失眠等。学习疲劳中,心理疲劳是主要的。

(二)学习疲劳的成因

(1)缺乏正确的学习方法,学习时过分紧张,不会科学用脑。

(2)以实用主义的眼光看待问题,影响学习积极性的持久发挥。

(3)睡眠不足,搞疲劳战术和突击战术。疲劳战术即"两眼一睁,忙到熄灯";突击战术即"临阵磨枪"。两者都会导致心理上过度的疲劳和紧张。

(三)学习疲劳的调适

(1)学会科学用脑。大脑两半球具有不同功能。左半球与逻辑思维有关,分管智力活动中的计算、语言逻辑、分析、书写及其他类似活动;右半球则与形象思维有关,分管想象、色觉、音乐、韵律、幻想及类似的其他活动。如果长时间地运用一侧大脑半球,就容易产生疲劳。因此,应根据大脑两半球的不同分工而交替使用大脑,以延缓疲劳现象的发生。

(2)劳逸结合,保证睡眠。在紧张学习一段时间后,应适当休息。一天学习之后,应保证有进行文体活动的时间,只有这样,才可以使身心得到放松和调节,以利于消除疲劳。另外,保证充足的睡眠时间,可使头脑清醒,精神振奋,消解疲劳。

(3)把握自己的生物钟。人体的各种生理和心理功能随时间的推移做规律性运动。根据苏联科学家的研究,人在一天中,生物机能上午7:00~10:00逐渐上升,10:00左右精力充沛,处于最佳工作和学习状态,此后逐渐下降;下午17:00再度上升,到晚上21:00又达到高峰,23:00后又急剧下降。然而,人群中最佳学习时间的分配又存在差异,有的人上午没精打采,晚上精力十足;有的人白天精神好,晚上提不起精神。高职生应摸清自己的生物规律,在"黄金时间"安排难度较大的学习活动,避免过度疲劳。

(4)培养对学习的兴趣。兴趣在繁重的学习活动中起着重要作用。教育实践证明,如果学习兴趣浓厚,学习时心情愉快,即使长时间地学习也不易感觉疲劳;反之,没有学习兴趣,则很快就会进入疲劳状态。

(5)创造良好的学习环境。优雅、整洁的学习环境可以使人感到身心舒畅。尽量不在有噪声的地方学习,避免心烦意乱、焦躁不安;不在过暗或过亮的地方学习,避免头晕目眩,出现视觉疲劳;不在空气污浊的条件下学习,避免胸闷、呼吸困难等。

思考题

1. 学习中我们总是过高地估计困难的程度,而低估了自身的潜能:体验"不可能"——一杯水的容量。

2. 明确自己的学习处于什么状态,以及改进的方式:脑力激荡。

3. 案例分析

小王就读于某职业学校计算机专业,家境贫困。他爸爸下岗了,妈妈的工资又不高,为了给他筹集学费,他们早出晚归。每当看到父母期盼的目光,他心里就十分难过。说实话,他早就不想读书了。初中三年他学习成绩一直不理想,成功对他来说是那样遥不可及。即使再读几年书,又能怎么样呢?他曾经听到很多人对自己同学的评价:"现在,高职生找工作都难,读职校更没出息。""读职校是浪费时间和金钱。"他很害怕,不知道三年之后等待他的将是怎样的命运。父母希望他努力学习,一切重新开始。但他一拿起书本就烦,学不进去;可是不看书更烦,觉得虚度了光阴,对不起父母也对不起自己。

请思考:

(1)小王学习上存在的根本问题是什么?

(2)如果小王向你求助,你会建议他怎么做?

第五章
压力管理与挫折应对情绪管理

学习目标
1. 掌握情绪的概念、功能、类型,并了解大学生的情绪特点。
2. 掌握常见的情绪困扰及情绪的调节与疏导方法。
3. 掌握压力、挫折的概念,应对压力的方法。
4. 熟悉大学生常见的挫折及反应。
5. 掌握大学生挫折自我调适方法与技术。

日有升有落,月有圆有缺。人的一生从来都不是一帆风顺,而是充满着荆棘与坎坷。面对这些荆棘与坎坷,人们的态度不同,情绪体验会不同,由此产生的行为也就不同。正所谓"宝剑锋从磨砺出,梅花香自苦寒来",改变心态,改变对事物的看法和做法,也许成功和希望就会与你站在一起。本章将带领大家一起认识情绪、压力和挫折,正确应对压力与挫折,培养抗压能力,提升挫折承受力,做情绪的主人,努力成就自己的幸福人生。

案例分析
两位热恋的大学生在校园里散步,忽然女生感到头上有口痰液。原来是教学楼窗户旁边一位男生B在作怪。男生A去询问,见男生B醉醺醺的,男生A与男生B争吵并厮打在一起,这位女生抄起屋里的板凳击打男生B头部,致使男生B身受重伤,后休克死亡。

问题:
1. 导致这种恶性事件发生的原因是什么?
2. 如果你是男生A,你会如何做?
3. 结合案例及个人体会,谈谈人为什么要管理情绪,怎样管理自己的情绪。
4. "情绪具有巨大的能量,我们只要正确管理它,无论正面情绪或负面情绪,都会成为我们进步的动力",你如何理解这句话?

第一节 大学生的情绪特点及影响

一、认识情绪

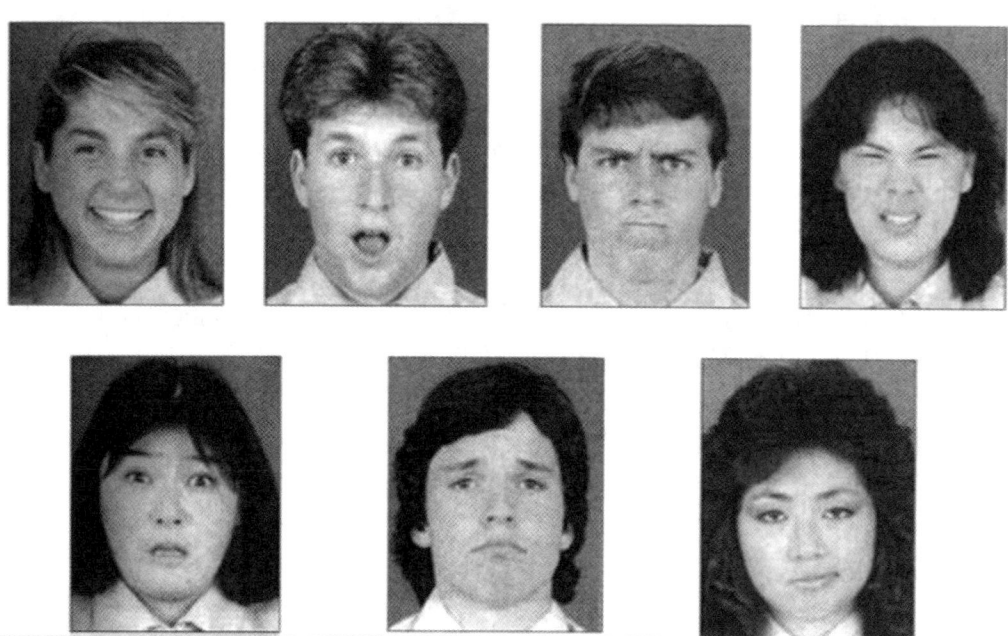

测一测：请将以下七种表情同给出的图片进行匹配：恐惧、厌恶、高兴、惊奇、轻蔑、生气和悲伤。

跨文化研究显示，不论文化差异是否明显，种族、性别和教育是否相同，全世界的人们都会以相同的方式表达基本情绪：喜时笑嘻嘻，气时绷着脸，悲时垂着头，怒时瞪着眼。这样，人们就可以根据他人的面部表情来推断其正在体验的情绪。下面我们就从多方面来了解一下人类的情绪。

(一)情绪的概念及构成要素

从19世纪以来，心理学家对情绪进行了深入研究但没有得到一致的结论。当前流行的看法，情绪是人对客观事物是否符合主观需要而产生的心理体验，是伴随着特定的生理反应与外部表现的一种心理过程。

情绪是由独特的主观体验,外部表现和生理唤醒等三种成分组成的。其中外部表现,通常称之为表情,包括面部表情、姿态表情和语调表情。

情绪既是主观感受,又是客观生理反应,具有目的性,也是一种社会表达。情绪是多元的、复杂的综合事件。情绪构成理论认为,在情绪发生的时候,有五个基本元素必须在短时间内协调、同步进行。①认知评估:注意到外界发生的事件(或人物),认知系统自动评估这件事的感情色彩,因而触发接下来的情绪反应。②身体反应:情绪的生理构成,身体自动反应,使主体适应这一突发状况。③感受:人们体验到的主观感情。④表达:面部和声音变化表现出这个人的情绪,这是为了向周围的人传达情绪主体对事件的看法和他的行动意向。对情绪的表达既有人类共通的成分,也有各自独有的成分。⑤行动的倾向:情绪会产生动机。

(二)情绪的功能

1. 适应功能

有机体在生存和发展的过程中,有多种适应方式。情绪和情感是有机体适应生存和发展的一种重要方式。如动物遇到危险时产生怕的呼救,就是动物求生的一种手段。

情绪是人类早期赖以生存的手段。婴儿出生时,还不具备独立的生存能力和言语交际能力,这时主要依赖情绪来传递信息,与成人进行交流,得到成人的抚养。成人也正是通过婴儿的情绪反应,及时为婴儿提供各种生活条件。在成人的生活中,情绪直接地反映着人们生存的状况,是人们心理活动的晴雨表,如通过愉快表示处境良好,通过痛苦表示处境困难;人们还通过情绪、情感进行社会适应,如用微笑表示友好;通过移情维护人际关系,通过察言观色了解对方的情绪状况,以便采取适当的、相应的措施或对策等。也就是说,人们通过各种情绪、情感,了解自身或他人的处境与状况,适应社会的需要,求得更好的生存和发展。

2. 动机功能

情绪、情感是动机的源泉之一,是动机系统的一个基本成分。它能够激励人的活动,提高人的活动效率。适度的情绪兴奋,可以使身心处于活动的最佳状态,进而推动人们有效地完成工作任务。研究表明,适度的紧张和焦虑能促使人积极地思考和解决问题。同时,情绪对于生理内驱力(drive)也具有放大信号的作用,成为驱使人们行为的强大动力。如人们在缺氧的情况下,产生了补充氧气的生理需要,这种生理驱力可能没有足够的力量去激励行为,但是,这时人们产生的恐慌感和急迫感就会放大和增强内驱力,使之成为行为的强大动力。

3. 组织功能

情绪是一个独立的心理过程,有自己的发生机制和发生、发展的过程。什劳费(Sroufe)认为情绪作为脑内的一个检测系统,对其他心理活动具有组织的作用。这种作用表现为积极情绪的协调作用和消极情绪的破坏、瓦解作用。中强度的愉快情绪,有利于提高认知活动的效果。而消极的情绪如恐惧、痛苦等会对操作效果产生负面影响,消极情绪的激活水平越高,操作效果越差。

情绪的组织功能还表现在人的行为上。当人们处在积极、乐观的情绪状态时,易注意事物美好的一方面,其行为比较开放,愿意接纳外界的事物。而当人们处在消极的情绪状态时,容易失望、悲观,放弃自己的愿望,有时甚至产生攻击性行为。

4. 信号功能

情绪和情感在人际具有传递信息,沟通思想的功能。这种功能是通过情绪的外部表现,即表情来实现的。表情是思想的信号,在许多场合,只能通过表情来传递信息,如用微笑表示赞赏,用点头表示默认等。表情也是言语交流的重要补充,如手势、语调等能使言语信息表达得更加明确或确定。从信息交流的发生上看,表情的交流比言语交流要早得多,如婴儿与成人相互交流的唯一手段就是情绪,情绪的适应功能也正是通过信号交流作用来实现的。

(三)情绪的类型

关于情绪的分类多种多样,情绪根据不同的标准可以有不同的分类。

1. 依据情绪的性质

可将情绪分为快乐、愤怒、恐惧和悲哀4种基本情绪,这些情绪与人的基本需要相联系。

(1)快乐。快乐是个体盼望的目标实现、紧张解除后的情绪体验。譬如,经过紧张的期末考试,取得了优异的成绩时常常会有快乐的情绪。快乐的程度从满意、愉快到大喜、狂喜。快乐的程度取决于目标的重要程度和目标实现的意外程度。譬如,有些同学的考试目标是"60分万岁",考过60分就会大喜,如果成绩出来是80分,还得了奖学金那可能就是狂喜了;那么有些同学追求更高些,希望取得优异的成绩和较好名次,可能考了90分还不满意。就是说如果追求的目标对个体来说非常重要,并且目标的实现非常意外,则会引起异常的欢乐,否则只能产生满意的体验。

(2)愤怒。愤怒是个人目标不能达到或者一再受挫而产生的情绪。目的和愿望不能达到,一再受到阻碍,积累了紧张,最终产生愤怒。特别是所遇到的挫折是不合理的或是别人恶意造成的时候,愤怒最容易发生。愤怒的程度依次是:不满、生气、恼怒、愤慨和暴怒。愤怒的程度取决于妨碍与干扰的大小及违背愿望的程度,同时也受到个性的影响。

(3)恐惧。恐惧是企图摆脱、逃避某种危险情境而无能为力时产生的情绪体验。譬如古代人们遇到日食时,由于不知道日食的原因,又无力对付,往往恐惧万分,以为是世界末日来临或者有大灾难即将降临。恐惧往往是由于缺乏摆脱可怕情境的能力而造成的。恐惧有不安、担心、害怕、恐慌、极度恐惧等不同程度。

(4)悲哀。悲哀是失去所盼望、所追求的东西,或是失去心爱的对象或愿望破灭、理想不能实现时所产生的体验。如失去亲人或爱人、没有考上理想的大学时产生的情绪。悲哀的程度依次是:遗憾,失望,难过,悲伤,哀痛。悲哀的强度取决于失去事物的价值,失去的东西价值越大,引起的悲哀也越强烈。

2. 依据发生时表现的强度、速度和持续时间

把情绪分为心境、激情和应激三种。

(1)心境。心境是一种持续的、微弱的、影响人的整个精神活动的情绪活动状态。心境具有弥漫性和渲染性,当一个人处于某种心境时,会以同样的情绪看待周围的一切事

物。例如,人逢喜事精神爽、"感时花溅泪,恨别鸟惊心"等就是心境的写照。心境可持续几个小时、几周或几个月,甚至一年以上。心境对人的工作、学习和生活有很大影响。积极良好的心境能使人精神振奋,乐观地对待困难和挫折,提高工作、学习效率,有益于人的健康;消极、不良的心境使人精神萎靡、意志消沉,不利于工作、危及身心健康。因此努力培养积极心境,克服消极心境,对我们的学习和工作是非常重要的。

(2)激情。激情是一种爆发快、强烈而短暂的情绪体验。例如,在突如其来的情境刺激下,人会产生勃然大怒、欣喜若狂等情绪反应。在这样的激情状态下,人的外部行为表现比较明显,如狂喜时手舞足蹈、兴高采烈,愤怒时怒发冲冠、暴跳如雷等。处在激情状态下,人的认识活动范围往往会缩小,仅仅指向与体验有关的事物;理智分析能力减弱,往往不能约束自己的行为,不能正确地评价自己行为的后果,做出不顾万一的鲁莽行为。因此,在激情状态下,要注意调控自己的情绪,以避免冲动行为。激情就像夏日里的狂风暴雨,来得快、猛,去得也急。

(3)应激。应激是出乎意料的紧张所引起的情绪状态。在突如其来的或十分危险的条件下,必须迅速地、几乎没有选择余地做出决定的时刻,容易出现应激状态。应激状态会发生一系列生理反应,如肌肉紧张、心率加快、呼吸变快、血压升高、血糖增高等。例如,当乘车出现危险情景的时刻,当遇到巨大自然灾害的时刻,会产生上述的生理反应。在应激状态下,人可能有两种表现:一种是目瞪口呆,手足无措,陷入一片混乱之中;一种是头脑清醒,急中生智,及时摆脱困境。应激的状态不能维持过久,长时间处于应激状态,可能导致适应性疾病的发生。

二、大学生情绪的特点及影响

(一)大学生情绪的特点

大学生正处在青春期,处在人生成长过程中波动性最大的阶段。他们虽然在生理上趋向成熟,但在心理发展方面还比较幼稚。大学生社会经验不足,独立生活能力不强,对自己缺乏正确而全面的认识,容易受到社会上各种各样思潮的影响,并进而产生种种矛盾心理和冲突,使得他们的情绪情感生活具有自己的特点。具体表现在以下几个方面。

1. 丰富性与波动性

大学时期的重要心理变化是自我意识的不断发展,各种社会的高层次需要不断出现且强度逐渐加强,这一发展在情绪上表现为情绪活动的对象、内容增多,大学生出现较多的自我体验,自我尊重需要强烈,自卑、自负情绪活动明显。大学阶段突出的感情活动之一是恋爱,恋爱活动及其伴随的深刻情绪体验是许多大学生在校期间印象最深的。道德观、集体感、爱国感、利他主义等高级情感活动在大学时期开始对其生活产生明显的影响,左右其情绪反应。如部分大学生确立了道德、正义观念,当出现与之不符的观念与行为时,他们通常会感到自己犯有过错,感到痛苦,出现严厉的自我谴责情绪。情绪的波动性是指与成年人相比,大学生在学习、生活、交往中的一些小事件,较易引起情绪的波动,情绪时好时坏,不够稳定。

2. 强烈性与冲动性

强烈性与冲动性是大学生情绪活动的又一特点。主要表现在对某一种情绪体验特别强烈,富于激情。许多人对符合自己信念、观点和理想的事件迅速产生热烈的肯定的情绪;对不符合自己信念、观点和理想的事件,则迅速表现出否定的、反对的情绪。个别人甚至会表现出盲目的狂热与冲动,以致做出一些违反校规校纪的蠢事或坏事。而一旦遇到挫折或失败,又会灰心丧气,消沉厌世。他们的情绪来得快平息得也快,带有明显的两极性。若是冲动爆发的情绪活动一旦失控,往往造成可怕的后果。如集体斗殴、离校出走、因感情挫折而自杀等都与大学生情绪的强烈性和冲动性相关。

3. 延续性和心境化

大学生情绪活动一旦被刺激引发,即使刺激消失,情绪状态会有所缓和,但其持续影响时间较长,会转化为心境,对其后的活动产生持续的影响。大学生的许多不良情绪,如焦虑、抑郁、自卑等都具有这种心境化的特点。个别大学生的自杀行为也与这种情绪状态有关。大学生情绪心境化还与大学生想象丰富的思维特点有关。大学生富于理想,遇事爱幻想,由刺激引发的情绪反应易受当事人想象的影响,想象对情绪反应的程度、持续时间都起着催化剂的作用。大学生常会陷入某种想象性的情绪状态,而难以被另外一种情绪所取代。比如有个学生,一门功课不及格,就认为自己能力不行,学不下去了,毕不了业,将来找不到工作,人生也就没了前途,生命还有什么价值?这是自己在吓唬自己,自己压迫自己。这是一种不良的认知方式,应该纠正。

4. 外显性与内隐性

随着年龄的增长,大学生自我控制能力和调节能力的提高,在情绪表现上带有压抑和文饰的特点,同时大学阶段是情感最丰富最强烈的时期,也是一个充满压力和冲突的时期,而这往往会导致大学生情绪的压抑性。大学生会根据不同的因素表现出不同的情感,有时会把自己真实的情感世界伪装起来,用一种与内心世界不一致的方式来表达。例如,明明对某个人的某种行为极不满,但为了不与人结怨,便努力压抑自己的情绪。

5. 想象性

从情绪情感体验的性质来看,大学生的情绪还具有想象性的特点。即新发生的情绪会延长一段时间,而出现陶醉于以前某种愉快的、肯定的情绪状态中,或者沉湎于某种负性的情绪状态中。

由此看出,大学生的情绪常常会有一种不理性的表现。由于对环境的不适应、学习上的落后或恋爱上的挫折等各种因素的影响,他们常会陷入某种想象的忧虑中,而难以被另一种愉快的情绪所取代。

(二)情绪的影响

大学生正处于青春期发育后期,情感丰富且极易波动,由于受生理发育、心理发展和客观环境影响,大学生的情绪变化较为明显。这种频繁情绪波动对大学生的学习、生活、人际关系、身体健康等无不产生影响。

1. 情绪影响大学生的学习

情绪好时,学习效率会倍增;而情绪低落时,消沉、忧郁、悲观等消极的情绪会使大学生出现思路阻碍,操作迟缓,心不在焉,注意力不能集中,学习效率会一落千丈。一个经常处于抑郁状态的学生,尽管非常聪明,也不大可能会在学业上取得非常优异的成绩。

2. 情绪影响大学生的人际交往

一个情绪稳定、笑对他人、积极向上的人,周围一定有很多好朋友;一个喜怒无常,常常莫名其妙发脾气的人,只会使周围的人对他敬而远之。而人际交往在整个大学阶段都是非常重要的必修课。没有好的人际关系,又会直接影响个体的情绪感受,最终导致恶性循环。

3. 情绪影响大学生的身心健康

俗话说:"情急百病生,情舒百病除。"中医学中也有一种说法:喜伤心、怒伤肝、思伤脾、忧伤肺、恐伤肾。由此可见,情绪与身心健康的关系十分密切。愉快的精神状态,可使人心情开朗,满面春光,福寿俱增;不良的精神刺激,会使人心情抑郁,疾病缠身,夭亡短寿。我们在生活当中经常见到这样的例子:有的人患了病,医生和家属一般不愿意告诉他真相,原因是他知道后病情会恶化得更快,这其实就是情绪影响的作用。大学生中常见的症状,如神经衰弱、心律不齐、神经性皮炎、胃溃疡、月经不调等均与学生的情绪有关。

个人情况测试见表 5-1,测试统计和结果处理分别见表 5-2、表 5-3。

表 5-1　症状自评量表(SCL-90)

编号_____　姓名_____　性别_____　年龄_____　测验日期_____

指导语:以下列出了有些人可能会有的问题,请仔细地阅读每一条,然后根据最近一星期以内下述情况影响您的实际感觉,在每个问题后标明该题的程度得分。其中,"没有"选1,"很轻"选2,"中等"选3,"偏重"选4,"严重"选5。

题目	选择
1. 头痛	1-2-3-4-5
2. 神经过敏,心中不踏实	1-2-3-4-5
3. 头脑中有不必要的想法或字句盘旋	1-2-3-4-5
4. 头昏或昏倒	1-2-3-4-5
5. 对异性的兴趣减退	1-2-3-4-5
6. 对旁人责备求全	1-2-3-4-5
7. 感到别人能控制您的思想	1-2-3-4-5
8. 责怪别人制造麻烦	1-2-3-4-5
9. 忘记性大	1-2-3-4-5
10. 担心自己的衣饰整齐及仪态的端正	1-2-3-4-5
11. 容易烦恼和激动	1-2-3-4-5

续表 5-1

题目	选择
12. 胸痛	1-2-3-4-5
13. 害怕空旷的场所或街道	1-2-3-4-5
14. 感到自己的精力下降,活动减慢	1-2-3-4-5
15. 想结束自己的生命	1-2-3-4-5
16. 听到旁人听不到的声音	1-2-3-4-5
17. 发抖	1-2-3-4-5
18. 感到大多数人都不可信任	1-2-3-4-5
19. 胃口不好	1-2-3-4-5
20. 容易哭泣	1-2-3-4-5
21. 同异性相处时感到害羞不自在	1-2-3-4-5
22. 感到受骗,中了圈套或有人想抓住你	1-2-3-4-5
23. 无缘无故地突然感到害怕	1-2-3-4-5
24. 自己不能控制地大发脾气	1-2-3-4-5
25. 怕单独出门	1-2-3-4-5
26. 经常责怪自己	1-2-3-4-5
27. 腰痛	1-2-3-4-5
28. 感到难以完成任务	1-2-3-4-5
29. 感到孤独	1-2-3-4-5
30. 感到苦闷	1-2-3-4-5
31. 过分担忧	1-2-3-4-5
32. 对事物不感兴趣	1-2-3-4-5
33. 感到害怕	1-2-3-4-5
34. 感情容易受到伤害	1-2-3-4-5
35. 旁人能知道你的私下想法	1-2-3-4-5
36. 感到别人不理解你、不同情你	1-2-3-4-5
37. 感到人们对你不友好,不喜欢你	1-2-3-4-5
38. 做事必须做得很慢以保证做得正确	1-2-3-4-5
39. 心跳得很厉害	1-2-3-4-5
40. 恶心或胃部不舒服	1-2-3-4-5
41. 感到比不上他人	1-2-3-4-5

续表 5-1

题目	选择
42. 肌肉酸痛	1-2-3-4-5
43. 感到有人在监视你、谈论你	1-2-3-4-5
44. 难以入睡	1-2-3-4-5
45. 做事必须反复检查	1-2-3-4-5
46. 难以做出决定	1-2-3-4-5
47. 怕乘电车、公共汽车、地铁或火车	1-2-3-4-5
48. 呼吸有困难	1-2-3-4-5
49. 一阵阵发冷或发热	1-2-3-4-5
50. 因为感到害怕而避开某些东西、场合或活动	1-2-3-4-5
51. 脑子变空了	1-2-3-4-5
52. 身体发麻或刺痛	1-2-3-4-5
53. 喉咙有梗塞感	1-2-3-4-5
54. 感到前途没有希望	1-2-3-4-5
55. 不能集中注意力	1-2-3-4-5
56. 感到身体的某一部分软弱无力	1-2-3-4-5
57. 感到紧张或容易紧张	1-2-3-4-5
58. 感到手或脚发重	1-2-3-4-5
59. 想到死亡的事	1-2-3-4-5
60. 吃得太多	1-2-3-4-5
61. 当别人看着你或谈论你时感到不自在	1-2-3-4-5
62. 有一些不属于你自己的想法	1-2-3-4-5
63. 有想打人或伤害他人的冲动	1-2-3-4-5
64. 醒得太早	1-2-3-4-5
65. 必须反复洗手、点数目或触摸某些东西	1-2-3-4-5
66. 睡得不稳不深	1-2-3-4-5
67. 有想摔坏或破坏东西的冲动	1-2-3-4-5
68. 有一些别人没有的想法或念头	1-2-3-4-5
69. 感到对别人神经过敏	1-2-3-4-5
70. 在商店或电影院等人多的地方感到不自在	1-2-3-4-5
71. 感到任何事情都很困难	1-2-3-4-5

续表 5-1

题目	选择
72. 一阵阵恐惧或惊恐	1-2-3-4-5
73. 感到在公共场合吃东西很不舒服	1-2-3-4-5
74. 经常与人争论	1-2-3-4-5
75. 单独一个人时精神很紧张	1-2-3-4-5
76. 别人对你的成绩没有作出恰当的评价	1-2-3-4-5
77. 即使和别人在一起也感到孤单	1-2-3-4-5
78. 感到坐立不安心神不定	1-2-3-4-5
79. 感到自己没有什么价值	1-2-3-4-5
80. 感到熟悉的东西变成陌生或不像是真的	1-2-3-4-5
81. 大叫或摔东西	1-2-3-4-5
82. 害怕会在公共场合昏倒	1-2-3-4-5
83. 感到别人想占你的便宜	1-2-3-4-5
84. 为一些有关性的想法而苦恼	1-2-3-4-5
85. 认为应该因为自己的过错而受到惩罚	1-2-3-4-5
86. 感到要很快把事情做完	1-2-3-4-5
87. 感到自己的身体有严重问题	1-2-3-4-5
88. 从未感到和他人很亲近	1-2-3-4-5
89. 感到自己有罪	1-2-3-4-5
90. 感到自己的脑子有毛病	1-2-3-4-5

表 5-2 SCL-90 测评统计

F1(12)		F2(10)		F3(9)		F4(13)		F5(10)	
项目	评分	项目	评分	项目	评分	项目	评分	项目	评分
1		3		6		5		2	
4		9		21		14		17	
12		10		34		15		23	
27		28		36		20		33	
40		38		37		22		39	
42		45		41		26		57	

续表 5-2

F1(12)		F2(10)		F3(9)		F4(13)		F5(10)	
项目	评分	项目	评分	项目	评分	项目	评分	项目	评分
48		46		61		29		72	
49		51		69		30		78	
52		55		73		31		80	
53		65				32		86	
56						54			
58				71					
						79			
总分		总分		总分		总分		总分	
F6(6)		F7(7)		F8(6)		F9(10)		F10(7)	
项目	评分	项目	评分	项目	评分	项目	评分	项目	评分
11		13		8		7		19	
24		25		18		16		44	
63		47		43		35		59	
67		50		68		62		60	
74		70		76		77		64	
81		75		83		84		66	
		82				85		89	
						87			
						88			
						90			
总分		总分		总分		总分		总分	

表 5-3 结果处理

因素	F1	F2	F3	F4	F5	F6	F7	F8	F9	F10
分÷项										
T 分										

阳性项:(　)＿＿　(　)＿＿　(　)＿＿　(　)＿＿
　　　(　)＿＿　(　)＿＿　(　)＿＿　(　)＿＿
　　　(　)＿＿　(　)＿＿

阳性项目总数：

诊断结果分析：

症状自评量表（SCL-90）使用说明

一、简介

症状自评量表（The self-report symptom inventory, Symptom checklist, 90, 简称 SCL-90）有90个评定项目，每个项目分五级评分，包含了比较广泛的精神病症状学内容，从感觉、情感、思维、意识、行为直至生活习惯、人际关系、饮食等均有涉及，能准确刻画被试的自觉症状，能较好地反映被试的问题及其严重程度和变化，是当前研究神经症及综合性医院住院病人或心理咨询门诊中应用最多的一种自评量表。

SCL-90主要提供以下分析指标。

1. 总分和总均分：

总分是90个项目各单项得分相加，最低分为90分，最高分为450分。

总均分=总分÷90，表示总的来看，被试的自我感觉介于1~5的哪一个范围。

2. 阴性项目数表示被试"无症状"的项目有多少。

3. 阳性项目数表示被试在多少项目中呈现"有症状"。

4. 阳性项目均分表示"有症状"项目的平均得分。可以看出被试自我感觉不佳的程度究竟在哪个范围。

5. 因子分：

SCL-90有10个因子，每个因子反映被试某方面的情况，可通过因子分了解被试的症状分布特点以及问题的具体演变过程。

下面是10个因子的定义。

（1）躯体化因子：该因子主要反映主观的身体不适感，包括心血管、肠胃道、呼吸道系统主诉不适和头痛、脊痛、肌肉酸痛，以及焦虑的其他躯体表现。

（2）强迫症状：该因子主要指那种明知没有必要，但又无法摆脱的无意义的思想、冲动、行为等表现，还有一些比较一般的感知障碍（如脑子变空了，"记忆力不行"等）也在这一因子中反映。

（3）人际关系敏感：该因子主要是反映某些个人不自在感与自卑感，尤其是在与其他人相比较时更为突出。自卑感、懊丧，以及在人事关系明显相处不好的人，往往这一因子得高分。

（4）忧郁因子：反映的是临床上忧郁症状群相联系的广泛的概念。忧郁苦闷的感情和心境是代表性症状，它还以对生活的兴趣减退、缺乏活动的愿望、丧失活动力等为特征，并包括失望、悲叹、与忧郁相联系的其他感知及躯体方面的问题。

（5）焦虑因子：包括一些通常临床上明显与焦虑症状相联系的症状与体验。一般指那些无法静息、神经过敏、紧张，以及由此产生躯体征象（如震颤）。那种游离不定的焦虑及惊恐发作是本因子的主要内容，它还包括有一个反映"解体"的项目。

(6)敌对因子:主要以三方面来反映病人的敌对表现、思想、感情及行为。包括从厌烦、争论、摔物,直至争斗和不可抑制的冲动暴发等各个方面。

(7)恐怖因子:与传统的恐怖状态所反映的内容基本一致,恐惧的对象包括出门旅行、空旷场地、人群,或公共场合及交通工具。此外还有反映社交恐怖的项目。

(8)偏执因子:偏执是一个十分复杂的概念,本因子只是包括了它的一些基本内容,主要是指思维方面,如投射性思维、敌对、猜疑、关系妄想、妄想、被动体验和夸大等。

(9)精神病性:其中有幻想、思维播散、被控制感、思维被插入等反映精神分裂症择定状项目。

(10)其他:该因子是反映睡眠及饮食情况的。

二、SCL-90 的评分

每一个项目采取五级评分制(五个等级),如下。

1. 没有:自觉无该项症状(问题)。
2. 很轻:自觉有该项症状,但影响轻微。
3. 中度:自觉有该项症状,有一定影响。
4. 偏重:自觉常有该项症状,有相当程度的影响。
5. 严重:自觉该症状的频度和强度都十分严重。

由自评者自己体会。没有反向评分项目。

三、SCL-90 的计分

SCL-90 的主要统计指标:统计指标主要为两项,即总分与因子分。

总分:90 个项目单项分相加之和,能反映其病情严重程度。

因子分:共包括 10 个因子,每一因子反映受检者某一方面的情况。

因子分分值的意义:

1~2 提示心理健康

2~3 提示亚健康心理状态

3~4 提示有心理健康问题

4~5 提示有严重心理健康问题

按全国常模结果,满足以下任一标准,可考虑筛查阳性,需进一步检查。总分超过 160 分;或阳性项目数超过 43 项;或任一因子分超过 2 分。

四、SCL-90 的施测注意事项

1. 向受检者交代清楚评定要求,告知其所选结果没有对错之分,让其做出独立的、不受任何人影响的自我评定。
2. 评定的时间范围:是"现在"或者是"最近 1 周"。
3. 评定结束时,应检查有无遗漏或重复评定。
4. 量表的局限性:是根据精神病学症状编制,因此,在对一般人的心理健康评估上,其适用性受到了一定的质疑。

资料来源:http://wenku.baidu.com/view/ea226ab8c77da26925c5b0e9.html

第二节　情绪的自我管理

一、健康情绪概述

(一)健康情绪的概念

健康情绪,是指个人情绪的发展、反应水平和自我控制能力与其年龄和社会对此的要求相适应,并为社会所接受。

(二)健康情绪的特征

(1)平和、稳定、愉悦并接纳自己。
(2)拥有丰富、深刻的自我情感体验。
(3)有清醒的理智。
(4)欲望适度。
(5)富于哲理、善意和幽默感。
(6)对人类有深刻、诚挚的感情。

(三)大学生情绪健康的特点

(1)情绪反应适当——情绪健康的首要条件。
(2)情绪表现稳定——心理健康的重要指标。
(3)主导心境愉快——情绪健康的主要表现。

二、常见的情绪困扰

人生在世,不如意的事十有八九。我们每个人都会面临这样或那样的事情或麻烦,但不同的人面对同样的事情会有不同的情绪体验,不同的情绪体验会直接影响人们应对问题的方式,从而带来不同的结果。就是说,困扰你的不是事情本身,而是你对该事情的情绪和态度。下面我们就来了解一下大学生经常出现的情绪困扰。

(一)冲动易怒

愤怒是因客观事物与当事人的主观愿望相违背,或愿望一再受阻、无法实现时产生的一种异常激烈的情绪反应,程度可从轻微的不满、生气、愠怒升级到激愤甚至暴怒,尤其是当人们认为自己所遭受的挫折是欠公正、不合理,或是被人恶意为之时。它对人的身心有着极为不利的影响,会引发心律失常、心悸、胃溃疡等躯体疾病,还会让人减弱或丧失自制力,无法正确对行为的后果做出理性预估,从而引发冲动行为,如打架斗殴、毁损物品等。

大学生正处在身心发展急剧、情感强烈丰富、情绪波动起伏较大的青年时期,他们精力充沛、血气方刚,与其他同龄人相比,显得更为自尊、敏感,因而更易在外界刺激下激起冲动情绪,或出语伤人,或挥拳相向,冲动过后,又懊悔不已。有些大学生容易动怒是因为对愤怒情绪有一些错误的认知,比如认为发怒可以威慑别人,提升自己的威信;发怒是男子气概的体现;等等。此外,不良的家庭环境、个性修养方面的缺陷以及先天气质类型也是一些大学生激动易怒的重要原因,如胆汁质的年轻人更具冲动、易怒的情绪特质;自我评价偏高,性格好强,身材强壮的大学生较同龄人更易有冲动行为。

(二)虚荣嫉妒

嫉妒是指由于他人在某些方面胜过自己而引发的不快甚至痛苦的情绪体验。它包含着羡慕、羞愧、憎恨、敌意、焦虑、担忧等不愉快的情绪,是一种错综复杂的情绪体验。

嫉妒是大学生中普遍存在的不良情绪,表现为当感觉他人在学识、能力、修养、荣誉、家庭经济甚至相貌、衣着等方面超过自己时,便感到恼怒、痛苦、憎恨,而当别人遇到不幸则幸灾乐祸、冷嘲热讽,甚至为了搞垮和超越对方,采取各种手段在背后对被嫉妒者恶语中伤,蓄意报复。严重的嫉妒感可以说是一种情绪障碍,它会扭曲人的心灵,抹杀人与人之间的美好感情,使正常的人际交往受到阻挠,甚至引发害人伤己的悲剧。历史上孙膑致残、韩非被杀的故事,就是由于同门师兄弟嫉贤妒能、暗中陷害所致。

(三)悲观抑郁

抑郁是一种持续时间较长的低落、消沉的情绪体验。处于抑郁状态中的个体,常感精力不足、思维迟钝、注意力难以集中,同时伴有痛苦自责、悲伤忧郁、自我评价偏低、对前途悲观失望的情绪体验。该情绪持续时间过长还可能导致肿瘤、胃溃疡、结肠炎等多种身心疾病,严重者甚至产生轻生的念头和行为。

由于大学生个性和思想的发展尚不成熟,在遭遇挫折,对人对事进行评价时,往往容易持非黑即白、非好即坏的两极化观点,更多地看到事物的消极黑暗面,从而陷入悲观沮丧、情绪低落的抑郁状态。现实生活中生存环境不良、遭受重大变故(如家境贫寒、生活负担过重;亲人亡故或罹患重病;失意失恋、心理失衡等),性格内向、交际面窄、敏感多疑、依赖性强的大学生较其他同学更易陷入抑郁情绪。

(四)压抑苦闷

压抑是指个人的情绪情感因被过分克制约束,不能适度表达宣泄时内心所产生的沉重、烦闷且深感束缚、抑制的消极体验。

年轻的大学生在身体、心理和社会化发展三方面中的矛盾性特点,是诱发其产生苦闷、抑郁情绪的重要原因。一方面他们强烈渴望与人交往,得到他人的理解和友谊,收获爱情的甜蜜;另一方面因自我评价不当、缺乏社交能力,使得他们在人际交往中深深感到被动、畏缩不前甚至自我封闭，感情无处寄托，陷入痛苦压抑之中不能自拔。我国的传统文化、社会规范与大学生旺盛的生理发育之间的反差与冲突，也是造成其身心压抑的重要因素。此外，部分大学生因受不良社会风气的影响而产生迷惘、困惑，以及由于存在个性方面的缺陷，比如固执、刻板、过分敏感等，均易产生情绪困扰，若得不到及时调适和宣泄，长期累积便会形成压抑。处在压抑状态中的大学生常感萎靡不振，容易疲劳，社交退缩，缺乏活力和兴趣，多有怨气和牢骚，心中仿佛有块难以搬开的石头，拘泥在自我约束之中，严重时会有绝望之感。长期压抑会导致心理障碍，诱发高血压、冠心病、消化道溃疡等躯体疾病。

（五）焦虑不安

焦虑是当个人在面临威胁或预料到某种不良后果时所产生的一种紧张、害怕、担忧、焦急混合交织的主观情绪体验。教育心理学的研究表明：焦虑是个人处于应激状态时的正常反应，适度的焦虑可激发人的斗志，提高人的注意力，令人处于警觉状态。

大学生的焦虑情绪主要来源于人际交往、生存就业、环境适应、体像期待、恋爱情感等诸多方面的不适、压力和冲突。研究表明，谨慎犹豫、过分依赖，常常过高估计困难、自怨自艾的大学生更易产生焦虑不安的情绪困扰。

被焦虑情绪困扰的大学生会感觉惶恐不安、心烦意乱，注意力、记忆力减退，思维缓慢，同时常常伴有头痛、失眠、食欲不振及胃肠不适等身体症状。

（六）冷漠消沉

冷漠又称情绪减退，是一种对外界刺激淡漠退让、漠不关心的消极情绪体验。处在青年期的大学生正值感情丰富、兴趣广泛、精力充沛的人生高峰时期，但部分大学生在与人交往中却表现出态度冷淡，独来独往，孤僻压抑，昏昏欲睡，对学习和生活了无兴趣的应付状态。他们无视亲朋好友的悲欢离合，面部表情呆板，少有创造性，难以建立正常的人际关系，也很难适应社会生活。这种消极情绪的形成一般与童年时期缺乏父爱、母爱有关，也可能与其在后天的生活、学习中因多次失败少有成功而产生的无奈无助感有关。此外，性格内向、固执、心胸狭隘，思维方式片面的大学生更易在挫折打击下产生冷漠反应。

冷漠消沉往往是个人遭受压抑、内心产生愤懑情绪的一种表现，它往往会对人的身心造成很强的负面影响。身处冷漠状态的大学生表面上看起来冷漠消极，内心却备受痛苦孤独、愤恨压抑的煎熬，由于缺乏有效的宣泄途径，巨大的心理能量长期累积而无法释放，便会破坏心理平衡，导致各种躯体疾病和心理障碍。

（七）自卑懦弱

自卑是一种不能自助和软弱的复杂情感。自卑感几乎人人都有，但须适度。自卑感过强的大学生往往对自己的能力、品质评价偏低，特别容易自轻自贱，自觉在许多方面无法赶上别人，办事畏首畏尾，缺乏主见，同时还伴随有害羞、不安、内疚、忧郁、失望等特殊的情绪体验。

缺乏理性的自我认识，对自己的认识要么过高、要么过低是造成大学生自卑感强烈的主要原因。另外,苛求完美或过于内向的性格特质,遭遇挫折、失败时不恰当的归因方式等也是引发大学生强烈自卑感的重要因素。

长时间的自卑,会使人在心理上情绪低沉,郁郁寡欢,与人疏远,甚至错失各种机会,享受不到成功的欢愉等;在生理上则会导致免疫系统功能下降,出现头痛、乏力、焦虑、反应迟钝、记忆力减退等躯体症状。

三、情绪的自我调节方法

情绪对于心理健康来说是至关重要的。稳定而良好的情绪状态,使人心情开朗,感觉轻松安定、精力充沛,对生活充满兴趣和信心,有较高的学习与工作效率。相反,如果一个人情绪波动很大,患得患失,喜怒无常,心情恶劣,而自己又不会调节和控制,就会导致心理失衡和心理危机,就可能无法正常地工作与生活。所以要维护心理健康就必须学会对情绪进行自我调节。常见的情绪自我调节方法有以下几种。

1. 宣泄法

把自己的感情出口放宽,莫使心胸像瓶颈,对待现实中出现的不公平的、有意见的、甚至令人气愤的事情,采取说出来以消怒气或是把怒气转移到某种物品上对其摔打、发泄一番的方式,这其中包括释放、转移等办法。向亲人朋友倾吐内心苦闷,放下包袱消除紧张心理,学会减压。

2. 运动法

经常做些简易气功、健身操或打球、跳舞来活动筋骨、舒展身心。每晚临睡前用热水泡脚,再搓搓脚底。平日刻意鼓励自己要保持愉快的心情,不要胡思乱想。多与人交往,参加有意义的社会活动。

3. 自我放松训练

自我放松训练是克服紧张、焦虑的方法之一,目的是使身心放松,使生理与心理活动趋于平衡,使人从烦恼、愤恨、紧张、忧愁等不良情绪中解脱出来,达到内心的平静与安宁。

放松的具体方法有多种,如深度呼吸训练、静心反思、意象训练等。

(1)静坐与冥思。静下心来,反视一下自己现在在想什么。注意出现在你脑海中的每一个想法。

(2)自我暗示。自我暗示是运用内心语言或书面语言的形式自我调节情绪的方法。这种方法可用来松弛过分紧张的情绪,使内心平静,也可用来调节身体局部或全身部位紧张状态。

(3)意象训练。意象训练的基本原理就是通过想象轻松、愉快的情境(如大海、山水、瀑布、蓝天、白云等),达到身心放松,情绪舒畅的目的。

(4)肌肉放松训练。肌肉放松训练时通过从头到脚一步一步地放松,并结合自我暗示,来达到消除紧张、调节精神状态的目的。

此外音乐、气功、瑜伽等也是进行放松调节的有效途径。

4. 认知疗法

这种疗法认为,人的情绪变化是由认知评价引起的。当一个人对周围的事物或自己的行为、思想做出消极的评价时,会给自己带来不良的暗示,导致各种消极的情绪。例如,一个人在遇到挫折时,就认为自己能力差,各方面条件都不行;每次遇到类似的情况都做出这样的评价,久而久之就会形成自卑的心理,对自己缺乏信心。

四、情绪的疏导方法

情绪是影响身心健康和学习的重要因素,因此要保持身心健康和良好的学习状态就要拥有健康的情绪,学做情绪的主人,不做情绪的奴隶,用理智的力量去抑制情绪的冲动。要及时疏导已形成的消极情绪,解除精神的压力。那么怎样正确地进行情绪疏导呢?

1. 升华情感

升华是指个体受挫后,把压抑于心理的情绪冲动转向社会许可的其他活动中去,使精神有所依托获得新的、更高的精神满足。如德国诗人歌德的名著《少年维特之烦恼》,法国文学家罗曼·罗兰的大作《约翰·克利斯朵夫》及画家达·芬奇的名画《蒙娜丽莎》都是他们失恋或失去爱情后情感升华的结果。作为大学生应把精力放在学习活动、集体活动、课外活动及体育锻炼上,使自己的精神世界通过这些活动达到更高的境界。

2. 转移注意力

转移是把注意力从消极的心理紧张和焦虑状态转向其他事物,以淡化或忘记那些令人不快的情绪反应。如心情不佳、忧愁郁闷或发怒时,最好去大自然中散散步,游览广阔无垠的大地;或是听听轻松愉快的音乐和相声;或是去看看喜剧电影、幽默漫画;或与其他人聊天,参加一些公益劳动;或是逛逛街,买件自己喜欢的小玩意……均可以在一定程度上排遣一个人内心的不快。

3. 学会幽默

幽默对保持心理健康有着奇特的功效,它可以放松紧张的心理,解除被压抑的情绪,缓解人际间的紧张关系,摆脱尴尬难堪的困境,减轻焦虑、活跃气氛、冰释误会。幽默的方式多种多样,如故意开开玩笑,说些幽默有趣的小故事或俏皮话,做些滑稽好笑的动作等。但是,幽默并不一定都使人发笑;更多的则是启发人们思考。要使自己成为一个具有幽默感的人,作为大学生首先应培养自己乐观开朗的性格、坚强的意志,养成遇事不愁不恼的处事态度,树立起对学习和前途的坚定信念。其次,要积极投身于具有创造性的学习和劳动之中,增长知识、提高修养。

4. 体谅他人

体谅他人,是设身处地地替别人着想,是站在他人的角度看待问题,也就是我们常说的换位思考。体谅别人是一种美德,是发自内心的理解,也是自我心理的解脱和排遣。换个角度讲,你体谅了别人,就等于释放了自己,改善了自己的心境。事怕颠倒,有些事情别人能做得好,你自己就未必能做得好。反过来,你做得好的事情别人也不一定能完全按照你的意志去做。如果你意气用事,盲目地指责别人,即使人家嘴上不说,但心里总是不太好受的。体谅是一种最有效的心理良药,能使人摆脱不良心境的困扰。当我们遇到不顺心的事,在还没有了解事情原委之前,要好好想一想。为了不使自己陷入烦恼之中或是给他人带来不悦,不妨先为对方找个能得到自己谅解的理由,找几个可以让自己平稳心情的理由先说服自己。只要心情好了,对人的态度就会改变,做事也就顺畅了。

第三节 压力与挫折

一、压力与挫折的概念

心理压力是一个人在生活适应过程中的一种身心紧张状态,是对环境要求与自身应对能力不平衡而言;这种紧张状态倾向于通过非特异的心理和生理反应表现出来。

心理学中的挫折是指人们在从事某种有目的的活动过程中,因受到某种无法克服的阻碍或干扰,致使目标无法实现,需要不能满足时所产生的紧张状态与情绪反应。它是一种主观的感受,是人们对阻碍、不满足的消极情绪体验,是人们产生心理压力的主要来源。

二、大学生产生挫折的原因

大学生处于人生发展的关键时期,一方面,他们精力充沛,思想活跃,自我意识强,发展欲望强烈,需求广泛而执着,个人的理想抱负水平普遍较高;另一方面,他们人格发展尚不够成熟,社会阅历浅,挫折经验不足,加上大学是一个竞争激烈的环境。因此,大学生遇到挫折是必然的,也是普遍的,甚至遭遇挫折的频度相对还会更高一些。

造成大学生挫折的原因是多方面的和复杂的,挫折的形成与自然环境、社会环境、自身条件以及个人的动机冲突等多种因素有关。大致可以分为以下三大类。

(一)客观因素

构成挫折的客观因素是指个人自身因素以外的自然因素和社会因素给人带来的限制与阻碍,使人的需要目标不能满足和实现而产生挫折。

自然因素是指个人不能预料和控制的天灾人祸、时空限制、意外事件等,如地震、洪水、交通事故、疾病、死亡等。自然因素造成的挫折每个人随时都可能遇到,其后果可能很严重,对人的影响很大,如亲人去世、因交通事故致残等;也可能不严重,对人只产生暂时的影响,如有些学生刚入学时对当地气候的不适应,不习惯集体住宿等。

社会因素是指个人在社会生活中受到的各种人为因素的限制与阻碍,包括政治制度、经济条件、人际关系、宗教信仰、传统观念、风俗习惯、战争动乱等方面。任何人都生活在一定的社会历史条件下,社会生活及其变化对人的影响和限制是无处不在的,因而人们社会因素而产生的挫折是普遍存在的。当前,随着科学技术的飞速发展,社会生活节奏不断加快,生存竞争日益加剧,使人们的紧张感和心理压力大大增加,挫折感不断增强。进入大学以后,大学生面临着一个全新的环境,他们不仅受到自然环境的影响,更多的是受到大学社会环境的影响,如他们要面对繁重的学业、考试的压力和人际关系的冲突等。

(二)个人因素

构成挫折的个人因素是指由于个人在生理、心理以及知识、能力等方面的阻碍和限制,使人的需要和目标不能满足和实现而产生挫折,包括自身生理条件、心理水平。如个人身高、体形、容貌、知识结构、健康状况、表达能力、自我期望、经济条件等都可能是挫折产生的原因。有些大学生自视较高,有强烈的自尊心,争强好胜和追求完美的心理较强,所以学生的挫折很多都是来自个人自身因素。

构成挫折的个人因素中,大学生的自身条件和能力与自我期望之间的矛盾是造成挫折的重要因素。许多大学生往往过于自信,过高地估计自己的能力,对自我发展的预期和要求不是从客观实际情况出发,而是从主观愿望出发,常常提出不切实际的要求,制订过高的甚至无法达到的目标和计划。一些目标和计划因为能力不及无法实现,而自己又不能清醒地认识到这一点,就会产生强烈的挫折感。

(三)动机冲突

动机冲突也是造成挫折的主要原因,在每个人的生活中经常出现。在现实生活中,人们的需要是多种多样的,常常会因多种需要而产生多个动机,并指向多个目标。当这些并存的动机相互排斥,或者由于种种条件的限制不可能全部实现而必须有所选择时,就形成了动机冲突。动机冲突常常会造成动机部分或全部不能得到满足,同时也致使动机所指向的目标受到阻碍,产生挫折感。其表现形式主要有双趋冲突、双避冲突、趋避冲突和双重趋避冲突。

1. 双趋式冲突

双趋式冲突是指人们在有目的的活动中,同时有两个并存的具有同样吸引力的目标,而这两个目标因条件所限又无法同时实现,从而产生的难以取舍的冲突情境。"鱼和熊掌不可兼得。"如有些学生在谈恋爱期间同时对两个异性有好感,但只能选择其中的一个而放弃另一个;有些学生想做好社会工作,又不想影响学习等。

2. 双避式冲突

双避式冲突是指人们同时遇到两个具有相同威胁性的目标,两者都想躲避,但因条件所限而必须选择其一,从而产生左右为难的冲突情境。如"前有悬崖,后有追兵"。

3. 趋避式冲突

趋避式冲突是指人们在面对同一目标时产生的互相矛盾的心态,即这一目标既具有吸引力,能够满足某些需要,同时又具有排斥力,构成某些威胁。如有些学生想参加演讲比赛,但又怕失败有损自尊心;考试时,有些学生因平时没有认真学习和复习害怕考试不及格,于是就产生了作弊的想法,但又怕被监考老师发现受到校纪处分。

4. 双重趋避式冲突

双重趋避式冲突是指人们同时遇到两个或两个以上的目标,而每一个目标又同时存在趋避冲突。这种类型是双趋式、双避式冲突的混合类型。如一个学历、能力有限的人,想找份既轻松、收入又高的工作,但事实上,遇到的却是要么是收入高但很辛苦的工作,要么是轻松但收入低的工作。

三、压力的作用与反应

(一)压力的作用

压力对人的作用具有双重性。

1. 压力对健康的积极作用

一般单一性社会压力有益于健康,它使人生活得充实,人生变得有意义,我们将这类压力称之为良性压力。事实上完全没有压力的生活是不可想象的,也是不真实的。

心理学的研究表明,早年的心理压力是促进儿童成长和发展的必要条件。经受过生活压力的青少年在以后的生活和工作中更容易适应环境,更容易取得成功;反之,早年生活条件太好,没经历过挫折和压力,则有如温室里成长的花朵,经不起生活的风吹雨打。对于大学生而言,适度的压力是维持正常身心功能活动,激发积极性和主动性,锻炼和培养良好意志力品质的必要条件。

2. 压力对健康的消极影响

继时性压力和破坏性压力,则会成为人们健康的杀手。继时性压力使人处于慢性心理应激状态,时间一久便容易引发一系列的身心症状。患者会产生呼吸困难、易疲劳、心悸和胸闷等生理症状。此外,还有紧张性头痛、焦虑、抑郁、强迫行为等心理症状,视为慢性应激障碍。

破坏性压力,比如地震、战争等,则容易使人患上创伤后压力失调,或创伤后应激障碍,造成感知、情绪、行为等方面的系列问题,视为急性应激障碍。比如女性被强暴后会变得呆滞、记忆丧失、回避社会活动、失去安全感等。强大自然灾害的心理反应,如创伤后压力失调更为严重,产生灾难症候群。

(二)压力反应的阶段

压力作用于个体之后,会引发一系列的变化,如心跳加快加强,血液循环加快,血压升高;内脏血管收缩,骨骼肌血管舒张,血流量重新分布;呼吸加深加快,肺通气量增多;汗腺分泌迅速;代谢活动加强,为肌肉活动提供充分的能量等。这一系列活动均有利于机体动员各器官的贮备力,尽力应对环境的变化。根据内分泌学和生化学家塞利的研究,在适应压力的过程中,个体的生理、心理及行为特点分为三个不同的阶段。

1. 警觉阶段

警觉阶段又叫唤醒期或准备期。发现事件并引起警觉,同时肾上腺分泌肾上腺素和副肾上腺素,这些激素促进人体的新陈代谢,释放储存的能量,使主要器官的活动处于兴奋状态,包括呼吸、心跳加速;汗腺加快分泌;骨骼肌紧张,血压、体温升高;等等。

2. 搏斗阶段

搏斗阶段又叫战斗期或反抗期。继警觉之后,人体全身心投入战斗,或消除压力,或适应压力,或退却。这一阶段人体会出现以下生理、心理和行为特征。

（1）警觉阶段的生理生化指标表面恢复正常,外在行为平复,实则处于意识控制之下的抑制状态。

（2）个体内部的生理和心理资源以及能量,被大量耗费。

（3）由于调控压力而大量消耗能量,此个体变得极为敏感和脆弱,即便是日常微小的刺激,也能引发个体强烈的情绪反应。比如,孩子的哭闹、家里来客人、接听电话、家庭成员的小小意见分歧,会使其大发雷霆,找对方"出气"。

3. 衰竭阶段

衰竭阶段又叫枯竭期或倦怠期。由于抗击压力的能量已经消耗殆尽,此时,个体在短时期内难以继续承受压力。如果一个压力反应周期之后,外在的压力消失了,经过一定时间调理休息,个体很快就能恢复正常的体征。如压力源持续存在,个体仍不能适应,那么,一个能量已经消耗殆尽的人,就必然会发生危险,此时,疾病、死亡都是极有可能的。两种压力可能使肌体调节失常,一是突如其来的过大压力,二是持续不变的低量压力,前一种压力使人压力调节机制瓦解,后一种压力可能逃避正常的肌体反应,造成压力的积蓄。长期处于叠加性压力和破坏性压力状态下容易出现身心疾病,就是这个道理。

心理压力量表见表5-4。

表5-4 心理压力量表

仔细考虑下列一个项目,看它究竟有多少适合你,然后将你对每一个项目的评分,根据下面这个发生频率表列出来。

项目	总是	经常	有时	很少	从未
1. 我受背痛之苦	4	3	2	1	0
2. 我的睡眠不定,且睡不安稳	4	3	2	1	0
3. 我有些头痛	4	3	2	1	0
4. 我颚部疼痛	4	3	2	1	0
5. 若需等候,我会不安	4	3	2	1	0
6. 我的后颈感到疼痛	4	3	2	1	0
7. 我比少数人更精神紧张	4	3	2	1	0
8. 我很难入睡	4	3	2	1	0
9. 我的头顶感到有阵痛	4	3	2	1	0
10. 我的胃有病	4	3	2	1	0
11. 我对自己没有信心	4	3	2	1	0
12. 我对自己说话	4	3	2	1	0
13. 我忧虑财务问题	4	3	2	1	0
14. 与人见面时,我会窘迫	4	3	2	1	0

续表 5-4

项目	总是	经常	有时	很少	从未
15. 我怕发生可怕的事	4	3	2	1	0
16. 白天我觉得累	4	3	2	1	0
17. 我感到喉咙痛，但并非由于患上感冒	4	3	2	1	0
18. 我心情不安，无法静坐	4	3	2	1	0
19. 我感到非常口干	4	3	2	1	0
20. 我心脏有病	4	3	2	1	0
21. 我觉得自己不是很有用	4	3	2	1	0
22. 我吸烟	4	3	2	1	0
23. 我独处时会感到不舒服	4	3	2	1	0
24. 我觉得不快乐	4	3	2	1	0
25. 我流汗	4	3	2	1	0
26. 我喝酒	4	3	2	1	0
27. 我很自觉	4	3	2	1	0
28. 我觉得自己已四分五裂	4	3	2	1	0
29. 我的眼睛又酸又累	4	3	2	1	0
30. 我的腿或脚抽筋	4	3	2	1	0
31. 我的心跳过速	4	3	2	1	0
32. 我怕结识人	4	3	2	1	0
33. 我手脚冰凉	4	3	2	1	0
34. 我患便秘	4	3	2	1	0
35. 我未经医师指示使用各种药物	4	3	2	1	0
36. 我发现自己很容易哭	4	3	2	1	0
37. 我消化不良	4	3	2	1	0
38. 我咬指甲	4	3	2	1	0
39. 我耳中有嗡嗡声	4	3	2	1	0
40. 我小便频繁	4	3	2	1	0
41. 我有胃溃疡	4	3	2	1	0
42. 我有皮肤方面的病	4	3	2	1	0
43. 我的喉咙很紧	4	3	2	1	0
44. 我有十二指肠溃疡病	4	3	2	1	0
45. 我担心我的工作	4	3	2	1	0

续表 5-4

项目	总是	经常	有时	很少	从未
46. 我口腔溃烂	4	3	2	1	0
47. 我为琐事忧虑	4	3	2	1	0
48. 我呼吸浅促	4	3	2	1	0
49. 我觉得胸部紧迫	4	3	2	1	0
50. 我发现很难做决定	4	3	2	1	0

计分方法:累计各项得分获得一个总分。

表 5-5 参考解释

分数	PSTR 压力程度分析
93 分或以上	极度的压力反应正在损害你自己的健康。你需要专业心理治疗师给予一些忠告,帮助你消减压力,改善生活的品质
82~92 分	你经历的压力正在损害你的健康,并令你的人际关系发生问题。你的行为会伤害自己,也可能影响他人。因此,对你来说,学习如何减除自己的压力反应是非常重要的。你应该学习控制压力,也可以寻求专业的帮助
71~81 分	你的压力程度中等,可能对健康不利。你可以仔细反省自己对压力如何做出反应,并学会在压力出现时控制自己肌肉紧张,以消除生理反应
60~70 分	你生活中的压力也许是适中的。即使有压力,你也会很快地回到平静状态,因此对你健康并不会造成威胁。做一些松弛的练习仍是有益的
49~59 分	你能够控制自己的压力反应,你是一个相当放松的人。也许你并没有将各种压力解释为威胁,所以你很容易与人相处,可以毫无惧怕地完成工作任务,也没有失去自信
38~48 分	你对所遭遇的压力不以为然,好像没发生过一样。这对你的健康不会有什么负面的影响,但你的生活缺乏适度的兴奋,因此趣味也就有限
27~37 分	你的生活可能相当沉闷,即使刺激或有趣的事情发生了,你也很少做出反应。可能你必须参与更多的社会活动或娱乐活动,以增加你的压力激活反应
16~26 分	在这个范围内,也许意味着你生活中所经历的压力经验不够,或是你并没有正确地分析自己,你最好更主动些,在工作、社交、娱乐等活动上多寻求些刺激。做松弛练习对你没有什么用,寻求辅导也许会有帮助

资料来源:http://xsc.sylu.edu.cn/news/n33_llc121.aspx。

第四节 应对压力的方法

一、应对压力的方法

大学生进入新的学校必然会面临各种各样的压力问题,包括生活、环境、人际交往、学习以及经济等方面。面临压力,你会采取怎样的方式去应对呢?下面按照应对方法的成熟程度做一探讨。

(一)高度成熟的应对方法

1. 认同

认同又叫自居作用。它是指把别人具有的、自己羡慕的品质加在自己头上,或是将自己与所崇拜的人视为一体,以提高自己的信心、声望、地位,从而减轻挫折感。例如,一个学生看到自己的一个同学在人际交往方面表现得十分出色,拥有很多的朋友,就在言谈举止上向这位同学学习,模仿他的所作所为,想要和他做得一样好,努力成为受大家欢迎的人。

2. 升华

升华是指一些本能的冲动或欲望,是意识所不能接受或不能容忍的,而且与社会道德规范法律相违背,不能直接发泄出来,必须改头换面,以不同的方式来表现。也就是说,那些社会所不能容忍的动机或欲望被加以改变,并以较高境界表现出来,以符合社会标准,保持内心的安静与平静。比如,歌德因失恋而写下了不朽名著《少年维特之烦恼》就是升华的表现。在升华的作用下,原来的动机冲突得到了宣泄,结果消除了因动机受挫而产生的焦虑,能使个人获得成功的满足。

3. 幽默

幽默是一种成熟而有益于健康的心理应对方法。人在受到挫折,处于尴尬的境地时,常以幽默化解困境,既无伤大雅,又可解除难堪的局面。古时候,齐相晏子使楚,楚王侮其身材短小,另开小门相迎。晏子说:"这是狗洞,不是给人出入的。出使狗国,从狗洞进;出使人国,还须从人门进入。"楚王只好开大门相迎。幽默应对,既不受侮,又解除了困境。因此,这是一种较成功的高级适应方法。

4. 压抑

压抑是把不为社会所接纳的念头、情感等在尚未被觉察时压抑在潜意识层,或把痛苦的记忆主动忘掉、排除在记忆之外,从而免受冲突、紧张、焦虑形成的心理压力。例如,自己心情十分糟糕,想发火的时候,考虑到有可能会伤害别人,就能理智地控制自己的情绪。

(二)中度成熟的应对方法

1. 补偿

个体在所追求的目标受到挫折,或由于本身的某种缺陷而达不到既定目标时,以其他可达到成功的活动或自己的特长来代替,从而弥补由失败所丧失的自尊心和自信心,称为补偿。它既可以是改变途径,也可以是变换目标,所谓"失之东隅,收之桑榆",将个人某种潜在力量予以充分发挥。补偿也有消极的一面,这往往发生在补偿不能适可而止的时候。过度补偿可导致心理活动的畸形。例如,一个成绩平平、不受老师和同学注意的学生,可能会以粗暴好斗、富于攻击的恶作剧来引起老师和同学对他的注意和重视。

2. 转移

转移是指通过转移对象来间接满足在原有对象身上无法或不便直接满足的欲念,以使心理获得平衡。即用某一事物或陌生人来代替那个在感情上占重要位置的人物。如一个同学在受到老师的批评后,不敢对老师发作,就找宿舍里其他同学的茬儿,通过替罪羊发泄心中的怒火,或者通过摔门、砸东西发泄不满。宣泄室就是专门为这这些人准备的。

3. 抵消

抵消是以从事某种象征性的活动来抵消已经发生了的不愉快的事情,以补救其心理上的不舒服感的一种心理应对方法。例如,儿童以责骂桌子碰疼了自己的手的方式抵消由疼痛引起的不快。我们无意中冒犯了别人也常会说声"对不起",以抵消自己内疚心理。

4. 合理化

合理化又称"文饰",是一种通过似乎有理的解释或实际上站不住脚的理由来为其难以接受的情感、行为或动机辩护以期可以接受的应对方法。当一个人的行为未达到要追求的目标,或不符合社会的价值标准时,为了消除内心的不安而寻找种种理由或值得原谅的借口替自己辩护,就一种文过饰非的现象。例如,有些同学考试没考好,为了维护自己的面子,他会辩解:"考那么高有什么用,60 分万岁,61 分浪费。"

(三)低度成熟的应对方法

1. 退化

人们遇到挫折时,放弃已经掌握的成人方式而用早期幼稚的方式去应对处境和问题,用以满足自己的欲望,称之为退化。例如,有些同学在人际交往当中处于弱势的地位,他让自己表现得特别幼稚,以博得其他同学的怜悯。这是一种消极的防御机制。成人的偶然倒退会给生活增添情趣,但如果常常退化,利用自的退化行为来争取别人的同情与照顾,用以规避现实的问题与痛苦,就不仅是一种现象而是病态了。

2. 幻想

幻想是当遇到无力解决的问题时,把自己置于一种脱离现实的想象境界,企图以非现实虚构方式来面对挫折或取得满足的应对方式。幻想可暂时脱离挫折处境,偶尔为之,可缓冲紧张状态,但若完全依赖幻想来解决实际问题,则属异常。如一大学生入学后学习成绩平平,他每天借助自己在中学所得的各种荣誉来逃避现实,终日沉溺于幻境之中的做法属病态的表现。

3. 否认

否认不是把痛苦事件有目的地忘掉,而是把已发生的不愉快事件加以否认,认为它根本没有发生过,以逃避心理上的刺激和痛苦。比如有的学生在进入高校之后,由于种种原因成绩一落千丈,但他(她)根本不信这类事件的发生。这种心理应对是最低级、最原始的一种形式,如掩耳盗铃、眼不见为净。否认在一定程度上可以缓冲突然来临的打击,不至于过分惊慌和过度悲痛,以避免精神崩溃,维持一时的心理平衡,使心理上有所准备以接受痛苦的现实。

4. 反向

反向又称矫枉过正现象。个体为了防止自认为不好的动机外露,采取与动机方向相反的行为,这种内在动机与外在行为不一致的现象称为反向行为。它实际上也是对个人的冲动和欲望进行压抑的一种心理表现。

比如,一个女同学对某男同学有好感,但在和他见面时,反而采取冷淡的态度;凡是爱在别人面前炫耀自己的人,恰恰反映了他内心有怕别人瞧不起的自卑感。人的某些行为如果表现过分的话,正表明他无意识中可能存在相反的欲望或动机,比如"此地无银三百两""反客为主"等。

5. 投射

投射是把自己所不喜欢的,或不能接受的性格、态度、意念、欲望转移到外部世界或他人身上。即所谓"以小人之心度君子之腹"。投射作用是客观存在的,又常常是无意识的。一个对老师有成见的人,反而会到处散布老师对他有成见的言论。这些思想和行为,往往是无意识中表现的,是一种将自己的坏的人格特质排除于自身之外,并加诸其他人身上的潜意识倾向。

由此可见,不同的应对方式对一个人产生的影响是不同的,生活中应多用成熟的应对方式,这样对一个人的生活、学习、工作、事业才能起到积极的促进作用。

二、培养抗压能力

(一)增强挫折的耐受性

1. 正确认识挫折

做到正确认识挫折并不是一件易事。俗话说"旁观者清,当事者迷",缺乏正确的认识在挫折情境中会产生许多不理智的反应,因此就需要树立正确的挫折观。

(1)应认识到挫折存在的普遍意义。从某种意义上说,生活就是喜、怒、哀、乐的总和。世间万物都是在曲折中前进,螺旋式上升的。挫折是人生中不可避免的一部分。做好这种心理准备,并且敢于正视挫折,不灰心、不低头,把挫折当成进步的阶石、成功的起点,这样就可能战胜挫折。

(2)认识到挫折的两重性。挫折给人以打击,带来损失与痛苦,但也能使人奋进、成熟。挫折既有消极的一面,又有积极的一面。比如,别人的嫉妒和谣言可能会给我们带来痛苦,但也可以帮助我们认识到人际关系的复杂性,通过总结经验教训,能够更好地处理人际关系。遭受挫折后总结经验教训可以从四方面入手:第一,目标是否恰当;第二,方法是否稳妥;第三,阻力来自何方;第四,争取社会支援。这样,才能反败为胜。

(3)从不同角度看待挫折。人的知觉是具有选择性的,从不同的角度看事物,看到的结果是不同的。看待生活中的挫折也是这样。用消极的心态看问题,就会让我们痛苦沮丧,压力倍增;用积极的心态看问题,就会大大减少问题对我们造成的压力。据说有一次美国前总统罗斯福的家中被盗后,朋友怕他想不开写信安慰他。罗斯福给这位朋友写了一封回信,信中说:"亲爱的朋友,谢谢你来安慰我,我现在很平安,感谢生活。因为:第一,贼偷去的是我的东西,而没伤害我的生命,值得高兴;第二,贼只偷去我的部分东西,而不是全部,值得高兴;第三,最值得庆幸的是,做贼的是他,而不是我。"面临挫折时,变换思维的方式重新评价、审视挫折,有助于摆脱困境。

英国作家萨克雷有句名言:"生活是一面镜子,你对它笑,它就对你笑;你对它哭,它就对你哭。"如果总是把注意力放在体验痛苦上,生活的基调就变得灰暗了。尽管人们乐于接受顺境,不欢迎逆境,但在一定条件下两者是会相互转化的,"水可载舟,亦可覆舟"。

(4)对挫折不要盯住不放。过度关注挫折易使人钻牛角尖。比如,祥林嫂在其儿子被狼叼走后逢人便说,起初人们很同情,但她一而再再而三地讲,人们开始厌烦了,她自己也更痛苦、麻木了。因此,一方面不要使情感长久停留在痛苦的事情上,另一方面,应理智地在挫折上寻找突破口,克服并解决它。

2. 正确归因

造成挫折的原因有两类:一类是外界客观因素。倾向于外部归因的人,习惯于把行为后果归于外部力量控制。如运气、机会、命运、自然界力量等。这种归因不能对行为进行自我控制和调节。另一类是内在主观因素。倾向于内部归因的人习惯于认为自己的行为结果是由内部力量控制的,如本身的能力、技能及努力程度等。这种归因过多责怪自己也是不现实的,不能对自己负起合理责任。只有做出符合实际的归因,及时找出失败的症结,才能改变挫折情境。

3. 调节抱负水平

抱负水平仅仅是个人对自己所达到的成就的一种愿望,与从事活动后的实际成就不一定相符。关键是要使抱负水平和自己的能力相匹配,正如维果斯基所说"跳一跳摘果子吃"。抱负水平过低,无助于增强自信心,个人潜能发挥不出来,就会产生由空虚、苦闷、不满足感所造成的挫折感;反之,抱负水平过高,超过了自己的能力,达不到自己的目标,也会产生失败感。

4. 寻找美好的一面

挫折具有两重性,它可以使人沉沦,也可以使人觉醒和奋起,关键在于受到挫折的时候,能否从失败中吸取经验教训,能否发现自己好的一面,重新振作起来。当在失望中能看到希望的一面,就会突然发觉天空原来是那么辽阔,阳光是那样明媚,自己并不是一无是处,从而鼓起勇气,提高对挫折的适应能力。

(二)建立社会支持系统

人是社会性的,不能离群索居,需要他人的支持,也需要关爱他人。人的支持系统包括家庭、学校、同伴和社会机构。家庭支持资源有父母、兄妹、长辈;学校支持资源有教师、辅导员、心理咨询师;同伴支持资源有同学、同辈、朋友;社会机构支持资源有医生、老乡。有这样一个社会人际支持系统,当我们内心痛苦、烦恼、无助时,就能找到倾诉的对象,并能得到他们的同情、关怀和支持,最终减轻自己的压力。

社会支持的存在可以向个人传送三类信息:让个人感到被关心和被爱;让个人觉得受尊敬和有价值;让个人觉得从属于一个组织。因此,它能起一种屏障、避风港、后盾的作用,可以给我们以巨大的力量。社会支持能减少个人所面临的压力和提高个人对待"短期竞争、压力和穷困"的能力,有效地防止被生活压力击垮。研究表明,社会支持对人的早期发展、手术后康复和健康是很重要的。要想在困难的时候赢得别人的支持,我们首先应去关注、接触、支持和帮助别人。这就要求我们在学习之余,必须在周围人的身上花点时间,理解他们,在他们需要帮助的时候伸出你的援手。

(三)制定切实可行的目标

在确定目标和安排计划时要从实际出发,合理安排时间来完成任务,不要超出自己控制的范围。每天完成学习任务的时间是固定的,只有我们自己知道如何度过每一天,因此,也只有我们自己才能决定所规定的任务可能需要多少时间和精力。若压力太大,就必须调整目标和计划。如果发现自己在学习和生活中太忙碌时,我们可以列举自己需要做的事情,看看是否有些事情可以不做或延迟,这会使自己感受到的压力小一些。一天只有24小时,我们需要设置实际的目标和重点,根据事情的轻重缓急安排时间。分析环境和事情的轻重缓急,要将注意力集中在那些需要即刻开始注意的活动上。

三、做压力的主人

我们要做压力的主人,就应当很好地管理自己的压力。管理压力的方法有许多,我们可把它们归为时间管理和压力管理两大类。

(一)时间管理

波士顿是世界上最具有时间感的城市,查询精确时间的电话号码是"NERVOUS"(紧张),这充分说明时间给现代人带来的压力。时间越来越不够用,缺少时间是我们常感到的压力源之一。

时间紧迫感迫使我们努力学习、工作,表现自己,这带给我们更多的成就,但同时也影响了我们的身心健康。它使我们感到压抑、紧张,远离朋友,不能享受生活的愉悦。虽然过分强调时间是有损健康的,但并不是说悠然自得地对待时间的态度就是正确的。拖延与浪费时间,就不可能完成生活中任何有价值的事情,好成绩、奖学金、成就、高收入、令人尊敬的地位就会离你很远,而这些也是保证我们身心健康的重要资源。在这个竞争越来越激烈的社会,放纵时间将使我们产生罪恶感,并有可能导致我们降低自我效能感,进而影响心理健康。

管理好自己的时间,使我们既能高效率地利用时间,成功地完成学习、工作和生活中的任务,同时又能体验到生活中的乐趣,还能保证身心的健康。那么,如何才能管理好时间呢?

1. 研究时间

通过研究时间可以发现自己在时间管理上的缺点。在一页纸的第一行写下日期,在纸的左边列出时间段。简单记录你在每个时间段中所做的事情和参与者的姓名。坚持一个星期之后,我们就可以寻找规律了。找出与学习无关的时间即吃饭、走路、锻炼等自由时间——自控制的时间,以及不自由的时间——由学习决定的时间。看看你本段的自由时间是否被干扰,找出干扰的人或事。

2. 明确自己的目标

我们的时间和精力都是有限的,企图在各方面都表现突出,将会使身体疲劳,给自己的精神造成巨大的压力。我们必须知道自己应该先做什么后做什么,必须有自己明确的目标。所以,请确立自己清楚的可以达到的目标,如"三年中我想达到什么目标""这个学期我要完成什么"。确立每个目标的优先权,把你的各个目标进行排序,把多数时间分配给前两三项,越靠后的越可以少注意。比如,我们害怕疏远和不被人喜欢,想做个有求必应的好人,努力达到这样的一个目标会消耗掉很多精力,干扰了达到真正重要目标的工作。尽管给予别人帮助是很愉快的,但最好还是先对自己负责。所以,要学会对那些让自己参加其他活动的要求说"不"。我们不可能在每一个领域都独领风骚,所以不必处处设战场,不必为每一个竞争竭尽全力,应把那些我们不擅长的事情从目标中清除。

3. 有效利用时间

有的同学有明确的目标,但注意力不集中,很难坚持学习,甚至连20分钟也不行,因此无法深入学习。解决它的办法是与自己约定,对自己说:"休息之前必须一直学习20分钟。"逐渐把学习时间增加10分钟,直到能坚持集中学习1个小时。但太长时间的持续学习和工作会引起疲劳,降低学习的效率。而且,根据"回报消失原则",在一定点以前,认真工作和学习是有价值的,超过这个点后,多付出的努力不会再产生任何效果。所以,我们应把大段的时间分开,每学习或工作1个小时就给自己放松10分钟,也可以转换学习的内容。我们每个人都按略微不同的生物钟工作,它使我们在某一时间段的学习更有效率。了解自己的黄金时间,把最重要的学习安排在黄金时间,将使我们的学习与工作更富成效。在宿舍、花园中学习常常会被来往的人们及各种刺激打断,不利于集中精力,所以最好选择能专心学习的场所。

4. 留下休息和空闲时间

休息和空闲时间对改变身体和精神的节奏很重要,它使身体得到恢复,精神得以更新,从而能使人以高效率再次投入到学习和工作当中。总是处于压力下的学习和工作会产生"雪球效应",即过度紧张的工作、学习导致其成绩逐渐下降,却误以为是工作、学习不够努力的结果,以为需要更加勤奋地工作、学习,结果会使效率更加低下。而且,长期辛苦的学习工作,会使自己的享乐本能受到抑制,体验不到生活的乐趣,这对心理健康极为不利。所以,每天都应该给自己一些休息和空闲的时间,让自己充分地放松,尽情地、开心地娱乐,什么也不想。这些时间也许是没有成果的,但对我们的身心健康十分有利。

(二)压力管理

1. 承认体验到的压力

我们所有人都会体验到压力,它是生活中无法避免的一部分。为了不让压力引起你的心理和生理痛苦,应该接受无法逃避的压力,并做好应付压力的准备,以一种积极的方式应对压力。

2. 消除紧张

压力通常会引起生理上的紧张反应,如心率加快、血压升高、呼吸加速、肌肉紧张大幅增加等。而且这种生理的紧张会因压力的持续存在而造成对身体的伤害,引起各种生理疾病,并妨碍心理功能的正常发挥,影响工作效率。所以,有效的压力管理策略之一就是直接控制这种压力的生理反应,其可行的做法是放松训练。这来源于一个简单的假设:人不能同时既放松又紧张。通过放松练习,人们能让压力引起的紧张反应消失,从而扼制它对身心损害。这种方法可以用于解决考试焦虑、偏头痛、失眠、应激情境等问题。

(1)腹式呼吸法。一手置于胸一手置于腹部,逐渐放慢呼吸,吸气腹部隆起,呼气腹部回落,吸气和呼气中间要暂停2秒左右,每次10～20分,每天2～3次焦虑时一般是胸式呼吸,胸式呼吸反过来刺激胸腔迷走神经,导致更强烈的焦虑反应。腹式呼吸可阻断这种循环,降低焦虑。

(2)自主训练法,又叫适应训练法。其操作步骤如下:①取坐姿,把背部轻轻靠在椅子上,头部挺直,稍稍前倾,两脚摆放与肩同宽,脚心贴地。②两手平放在大腿上,闭目静静地深呼吸3次;排除杂念,把注意力引向两手和大腿的边缘部位,把意念专注于手心。③不久,你会感到注意力最先指向的部位慢慢地产生温度,然后逐渐地扩散到手心全部。这时,你心里可以反复默念"静下心来,静下心来",两手就会暖和起来。④做5遍深呼吸,慢慢数5下,睁开眼睛。

3. 改变不合理的观念

通过有意改变自己的内部语言来改变不适应状况。不合理的观念往往具有三大特征:首先是绝对化的要求,通常与"必须""应该""一定"等词汇联系在一起,如"我必须考上名牌大学""我应该得到人们的喜爱和赞扬""我一定不能失败""爱就爱到底"等。其次是过分概括化。其实,每个人都有不顺利的时候,以一次的表现推及全部,难免犯以偏概全的错误。最后是糟糕至极论,即把某一不好的事情看成是非常可怕的、灾难性的事件。

4. 解决问题

当我们面临压力的时候,明智的做法是直面问题,尽快解决,从根本上消除压力。例如,你学不懂高等数学而它又是必修课,且对你所修的经济专业非常重要,这时有利的做法是立即请教,或者自己去钻研,而不是坐等以后突然开窍。坐等只能使漏洞越来越大,最终危及你学业的完成。

5. 适当地自我暴露和宣泄

自我暴露是指对外开放,能够与他人交流思想和情感。宣泄指释放或澄清情感。自我暴露需要选择合适的对象。受伤的心渴望最和善的倾听,需要温柔的抚慰和坚定的支持,这不是随便什么人都能做到的。如果你平时注重人际关系的发展,找一个知心朋友倾诉并不是什么太难的事;如果你在这一方面有欠缺,不妨向心理咨询与治疗机构求助,那里有专业的倾听者为你提供支持和帮助。适当地宣泄情感有助于消除压力,消除情绪积聚爆发的隐患。适当发泄指发泄有度,而非不顾及后果地肆意倾泻。

体育锻炼尤其是强度较大的运动项目也能起到宣泄作用,且不会造成对他人的伤害和对物品的损害。所以,当你承受压力而又无处宣泄时,不妨去踢上一通球,打上一阵沙袋等。

一些性格内向者可能不习惯用向外发泄和倾吐的方式,那么可以尝试一种自我倾诉法——记烦恼日记。

6.注意转移,建设性地填充时间

对于生活中的一些事件你没有办法去改变,比如亲人的逝世、恋人的离去。这些事件给人们的伤害是那样深而痛,它让人意志消沉,茶不思、饭不想,甚至怀疑自己活下去的价值。这严重影响着人的身体健康以及学习、工作。这时,我们应该转移注意力,即用建设性的活动把注意力从痛苦的、压抑的思想中转移。

可以用来转移人们压抑、悲伤心境的活动很多。如参加兴趣小组,在活动中发现你的热情和活力;如果你酷爱写作,不妨把你的感受写出来,你也会因此而调整好自己的心情,重新振作起来;如果你迷恋音乐,你就用音符和歌声宣泄与表达自己的情感,这时你的作品会动人心弦、感人肺腑,你也会因此从悲伤中走出来;如果你热爱社会活动,就积极投入其中吧,你的奉献会把你从痛苦的回忆中拉出来,并让你感受到生命的意义;如果你喜欢旅游,这时不妨起程,辽阔的大海、绵延的群山、幽静的田园、热情的游人,不仅会提供给你自由呼吸的空间,而且会让你领略到生命的真谛;如果你热爱体育,尽情地投入吧,它会给你愉悦和活力;如果你对人际关系感兴趣,你可以在此时向自己信任的人倾诉,这不仅会使你心里好受一些,而且他会因你的自我表露而把你当成自己人,你会因此多一些朋友。

第五节 挫折的调适方法与技术

一、大学生常见的挫折与反应

(一)大学生常见挫折

不同年龄段和不同类型的人群面对的挫折具有不同的特点。大学生遇到的挫折与大学生活环境和大学生自身特点密切相关,具有鲜明的特点。

1. 自我认识、自我定位、性心理、恋爱等方面的挫折

大学生正处于人生发展阶段中的青年中后期,这一时期是大学生自我意识形成的关键时期,也是性生理发育日趋成熟的时期。所以大学生遇到的挫折常常与自我认识、自我定位、性心理、恋爱等方面有关。

2. 人际交往、个人发展方面的挫折

人际交往对大学生而言是仅次于学业发展的一项重要的社会需要。大学生都希望获得良好的人际关系,从而维系个人发展与社会需要之间的纽带。大学是一个集体生活环境,有时也是一个学习压力大和竞争激烈的环境。很多大学生都是第一次离开父母和家庭开始独立生活,由于性格或者成长经验的影响,交往技巧方面的欠缺,在人际交往中,往往难以达到理想效果。要么难以抛开自尊、自傲和矜持的面具,要么以错误的方式伸出橄榄枝,反而引起别人的误解。所以,大学生在人际交往中经常会遇到挫折。

大学生这一群体具有强烈高层次的自我价值实现的需要,也有明确的发展目标,如考研、留校,或毕业谋求得到一个有发展前途、能发挥专业特长、能实现自身价值且待遇好的职业等,但在现实生活中,却难以事事如愿。尤其是近几年来,高校分配额度进行了一系列的改革,双向选择、人才市场和自谋职业等成为大学生的主要就业渠道,这给大学生就业增加了一些新的选择机会,但是也增加了竞争的压力和失败的风险。毕业生在双向选择应聘就业中屡次受挫,体验到较强的挫折感受。毕业发展去向问题成为在校大学生特别是高年级大学生经常考虑的"心事"和常常遇到的实际的或想象的挫折情景。

3. 生活习惯、专业学习、人际关系、经济来源等方面的挫折

大学是一个不同于中学的新的成长环境,大学生,特别是低年级学生,将面临大量的适应问题,在生活习惯、专业学习、人际关系、经济来源等方面经常会遇到各式各样的挫折。

4. 求职、择业、就业方面的挫折

大学是为未来职业生涯打基础的阶段,大学生(特别是高年级的学生)越来越关注就业问题,逐年加大的就业压力,给大学生带来的隐性压力不言而喻。对即将毕业的大学生来说,在求职择业过程中也常常会遇到这样或那样的挫折。根据调查,无论是就业岗位、地点、薪酬福利等,大学生的期望一般高于社会提供的范围。所以,在整个就业过程中,学生都会感到失望、焦虑。

(二)大学生的挫折反应特点

人们在日常的学习生活中,由于主客观条件不同,因此挫折反应也各不相同。需要强调的是,人们在遭遇挫折时的心理与行为反应,有积极的也有消极的,是人们在生活经验中习得的结果,无所谓对错。一般来讲,人们对挫折的反应主要表现在以下三个方面。

1. 情绪性反应

情绪性反应是指人们在受到挫折时伴随着强烈的紧张、愤怒、焦虑等情绪所做出的反应,可能表现为强烈的内心体验,也可能表现为特定的表情或行为反应。情绪性反应多为消极性反应,主要表现为焦虑、冷漠、退行、幻想、逃避、固执、攻击、自杀等。

(1)焦虑。焦虑是一种模糊的、紧张不安的综合性负面情绪,常常伴随焦急、忧虑、恐

惧等感受,甚至可能会出现发冷汗、恶心、心悸、手颤、失眠等神经生理反应。当人们面临心理冲突、情境压力或遇到挫折,或者预感到某种不祥的事情或不良的后果将要发生,或者感到需要付出努力的情境将要来临而又感到没有把握预防和解决时,一般都会产生焦虑情绪。挫折是引起焦虑的重要方面,人们遇到挫折时一般都会表现出某种程度的焦虑情绪。适度的焦虑对于提高工作效率、发挥潜能有一定积极作用。过度焦虑是有害的,严重时会致心理疾病。学习上的过度焦虑则会抑制思维,分散注意力,影响正常的学习活动和学习效率。对大学生而言,人际关系和学习上的挫折是引起焦虑的主要原因。

(2)冷漠。冷漠是指当个人遇到挫折时表现出的一种无动于衷和漠不关心的态度。这是一种复杂的挫折反应。表面上看,冷漠似乎是逆来顺受,毫无情绪反应,而事实上并不意味着当事人没有反应,而是对挫折更加痛苦的内心体验,只是被压抑或以间接的形式表现了出来。一般情况下,对挫折的冷漠反应是由于一个人长期遭受挫折或感到没有任何希望摆脱或消除困境时产生的。

(3)退行。退行,也叫退化感情、倒退。是指当人们受到挫折时所表现出的与自己年龄和身份不称的幼稚行为。通常,不同年龄阶段的人,各有其不同的情绪和行为模式。随着年龄的增长,在社会生活方方面面的影响下,人们在情绪和行为方面会日益成熟起来,并逐渐学会控制自己,在适当的场合和适当的时候,做出与自己年龄相符的情绪反应和行为表现。当人们遇到挫折后,一些人在一定程度上会失去对自己的控制,以低于自己年龄的简单、幼稚的方式应对挫折,以求得别人(有时是自己)的同情和关注。而当事人自己常常不能清醒地意识到这种情况。有时,我们会看到某老年妇女在钱被偷后,在大街上捶胸顿足,号啕大哭;平时举止文雅的成人,面临挫折情境时,有时会表现出粗鲁的行为,可能咒骂或大声叫嚷或挥拳相斗;歇斯底里发作的患者,也有退化行为,如满地打滚,甚至故意尿湿衣服等。

(4)幻想。幻想是指个人在遇到挫折时企图以自己想象的虚幻情境来应对挫折。任何人都有幻想,大学生又处在多幻想的年龄段,所以大学生的幻想特别多。通过幻想,人们可以暂时脱离现实,在自己想象的情境中满足一些自己的需要和欲望,产生一种愉快和满足感。应该说,当人们遇到挫折时,暂时的幻想,可以使人在一定程度上缓解挫折情绪,偶尔为之,也是正常的。但如果用幻想来应对现实中的挫折,特别是长期处于幻想状态,或成了从幻想中实现现实生活中实现不了的目标的习惯,就会使人降低对现实生活的适应能力和严重脱离现实生活,甚至可能导致精神疾病。

一个大学生在学习中遇到困难,考试失败,他有可能在幻想中想象自己完成了学业,想象自己在事业上获得了巨大成功,幻想自己处于很高的地位,幻想自己得到了意中人的青睐。现实中的挫折越是使他感到痛苦,幻想中的成功越是使他得到愉快和满足,他就有可能逃避现实而遁向幻想。

(5)逃避。逃避是指个人在遇到挫折或感到可能面临挫折时,不能面对现实、正视挫折,而是以消极的态度躲开挫折和现实的一种挫折反应方式。如有些学生谈恋爱失败后就不敢再谈恋爱;有些学生当众演讲失败,受到别人嘲笑后害怕再次受到挫折的伤害,但当事人面对的现实问题并没有解决,而有些问题又是不能回避的。所以,逃避常常使人害怕困难,不求进取,长期下去将大大降低人们的适应能力和自信力,甚至可能会导致适应不良。人们逃避挫折的方式各种各样,幻想也可以看作是一种典型的逃避方式。

(6)固执。固执是指个人在受到挫折后,采取刻板的方式盲目地反复进行某种单调、机械的无效动作,尽管知道这些动作对目标的达成、需要的满足并无帮助。通常,固执是在一个人反复遭受挫折而又一时无法克服或回避的情况下产生的,过多、过严的惩罚和指责,或者当处于惊慌失措的状态时也容易产生固执行为。固执行为的特点是呆板无弹性,具有很大强制性,是在人们遇到挫折后感到无能为力和不知所措时产生的反应方式。所以,这种挫折反应方式并不是不可改变,当人们一旦获得了更适当的反应方式,就会取代固执行为。

(7)攻击。攻击是指当一个人遇到挫折时,为了将愤怒的情绪发泄出去,或者对构成挫折的对象进行报复而产生的攻击性行为。攻击性行为的对象可能是构成挫折的人或物,也可能是其他替代物,还有可能是受挫者自身。攻击性行为的表现形式多种多样,一般分直接攻击和转向攻击两种。直接攻击是指受挫者将愤怒的情绪直接指向构成挫折的人或物,通过动作、表情、言语、文字等形式表现出来。转向攻击是指受挫者感到引起挫折的真正对象不能直接攻击或不便攻击,或者挫折的来源无法确定时,将愤怒的情绪发泄到其他人或物上的一种变相的攻击方式。如有些学生在比赛时没有获得期望中的名次,便乱砍乱弹东西等。

(8)自杀。自杀是个人遭受挫折后的一种极端反应方式,也可以看作是受挫后针对自身的一种典型的特殊的攻击行为。当一个人受到突然而沉重的挫折打击,或者长期受到挫折的困扰和折磨,感到万念俱灰不能自拔时,可能会产生自暴自弃、轻生厌世的想法,此时若得不到外力的帮助,就可能采取上吊、跳楼、投河、服毒等方式自杀。通常,自杀行为是在挫折的打击大大超出受挫者对挫折的承受能力的情况下发生的,特别是当受挫者将受挫的原因归结为自己,并对自己丧失信心,将自己作为迁怒的对象时更可能导致自杀行为。

大学生是同龄人中的佼佼者,成长过程一般都比较顺利,很少遇到大的挫折,他们对挫折的承受能力普遍较低。同时,大学生一般都自视较高、自尊心强,所以,当受到挫折和打击时,有时是很小的挫折,也会诱发自杀行为。如某高校的一名学习成绩十分优秀的女生,得知自己有一门课考试不及格时就跳楼自杀;还有些学生失恋后不能自拔而自杀等。

2. 理智性反应

理智性反应是指人们在受到挫折后,采取积极进取的态度,在理智的控制下所做出的反应。通常,人们在遭受挫折后都会出现紧张状态,都会在某种程度上做出某种情绪性反应。其中,有些人始终被情绪所控制不能摆脱,而有些人则能够及时调整,保持冷静,面对现实,审时度势,采取积极的态度和方式对待挫折。所以,理智性反应是对挫折的积极反应方式,主要表现在以下两个方面。

(1)坚持目标,逆境奋起,矢志不渝。当人们遇到挫折后,经过客观冷静的分析,发现自己所追求的目标是现实的和正确的,当前的挫折只是暂时的,是在实现目标的道路上遇到的一些曲折,经过努力是可以克服和逾越的。所以,应设法排除障碍,克服困难,坚持不懈地朝着既定目标矢志不渝地迈进,直至最终实现自己的愿望和目标。人类社会发展的历史证明,许多科学发现和发明,都是在十分艰苦的条件下,有时还冒着被攻击、迫害甚至丧失生命的危险,几经努力,经过多次失败才获得成功的。大学生大多都有强烈的发展需求和对未来生活的美好愿望,同时,大学生又面临着一个竞争激烈的发展环境,科学技术的飞速发展对每个大学生都提出了更高的要求。所以,大学生在成长过程中不可避免地要遇到各种各样困难的挑战和考验,这就需要大学生在实践中不断提高自己的意志力,培养顽强拼搏的毅力以及敢于面对和战胜困难的勇气。如有些学生为了得到一项实验数据在实验室一蹲就是几天几夜;有些学生家庭贫困但意志坚定,不图虚荣,刻苦学习,奋发成才等。

(2)调整目标,循序渐进,不断努力。由于自身条件或社会因素的限制,人们的需要和目标并不是都能满足和实现的,或者在目前的条件下是不可能满足和实现的。因此,人们在实现目标的过程中,几经努力和尝试都失败后,就要冷静下来,认真客观地分析导致失败的真正原因,并根据实际情况对自己的奋斗目标进行适当的调整。一方面,可能自己定的目标太高,不符合目前自己的实际情况,或实现目标的条件尚不具备,需要适当降低目标,或将目标分成几个阶段性目标,并根据实际情况适当变换实现目标的途径和方法,循序渐进,通过不断努力,逐步获得成功。如有些学习基础差的学生,就不能一厢情愿地将目标定为每门课都考优秀,而应考虑首先通过努力使每门课都及格,然后重点在一门或几门课上取得好成绩,最后再努力取得全面进步。另一方面,人们满足需要和实现愿望的途径和方式是多种多样的,一旦遇到挫折,发现原定的目标难以实现时,还可以改换目标,寻找新的能够实现的目标取而代之,同样可以达到满足自身需要的目的。如有些学生在集体活动中想引起同学们的关注和赞美,就苦练唱歌,但由于自己的嗓音不够圆润,音乐基础又不太好,怎么练都达不到理想的效果,这时就可以考虑练跳舞或演讲等,或许其他方式更符合自己的实际情况,能够取得理想的效果。

3. 个性的变化

通常情况下,挫折对人的影响都是暂时的,随着具体挫折情境和条件的改变,随着时间的推移或受挫者认识上的变化,受挫者在受到挫折后所感受到的紧张状态会逐渐消失。但人们在受到挫折后,除了上述直接表现出的挫折反应外,还会出现间接的反应,并对受挫者产生久远的影响,甚至影响到个性的形成与发展。

挫折对个性的影响,一般是在人们连续经历挫折,或者遭受特别重大挫折的情况下产生的。由于导致挫折的情境和条件相对稳定并长期持续,由此产生的紧张状态和挫折反应就会反复出现,久而久之这些反应方式就会逐渐固定下来,使受挫者形成了习惯和一些突出的个性特点。如有些学生在儿童时期长期受到父母过分严厉的管教甚至责难、打骂,就易形成畏缩拘谨、胆小怕事、逆来顺受或者倔强执拗、偏执敌对等不良的个性特点;有些学生与同伴不能友好相处,长期处于紧张的人际关系状态之中,就易形成多疑、多虑、孤僻、狭隘、情绪不稳定等个性特点。但是挫折对个性形成与发展也可能产生积极的影响,如经历了重大挫折后,或者长期身处逆境之中,使人养成了坚强、刚毅和不屈不挠的个性特点。

总之,挫折对个性的影响在很大程度上取决于人们对挫折的适应情况,对挫折的消极反应如果得不到及时纠正,并在心理和行为上固定下来,就会形成对挫折的适应不良,对受挫者的个性形成与发展就会带来不利的影响。

二、大学生挫折调适方法与技巧

(一)树立正确的挫折观

正确认识挫折,是大学生战胜挫折的先导和前提。人的生活和工作不可能一帆风顺,生活遇到各种挫折是不可避免的,挫折是我们生活的组成部分。因此,大学生应做好面对挫折的充分的心理准备,一旦遇到挫折,就不会惊慌失措,痛苦绝望,而能够正视现实,敢于面对挫折的挑战。同时,也应该看到,挫折也并不是总发生的,生活中还有很多快乐、幸运和幸福的事情。所以,大学生在遇到挫折时,不应只看到挫折带来的损失和痛苦,还应看到自己的优点和已取得的成绩,不应始终停留在挫折产生的不良情绪之中,而应尽快从痛苦中解脱出来,以理智面对挫折。

(二)积极投身实践活动,不断磨炼自己和积累经验

挫折具有两面性,生活中的挫折和磨难并不都是坏事。平静、安逸、舒适的生活,往往使人安于现状;挫折和磨难,却使人受到磨炼和考验,变得更加成熟和坚强。因此,大学生应积极投身实践活动,在实践中不断磨炼自己,提高自己的意志力,培养坚强的意志。在实践过程中,不要惧怕失败,要善于从失败中总结经验教训,化消极因素为积极因素,使挫折向积极方向转化,不断提高自己解决困难、战胜挫折的能力。在总结经验教训时,应着重考虑确定的奋斗目标是否恰当、实施的途径和方法是否正确、造成挫折的原因来自何处、转败为胜的办法在哪里。

(三)改变不合理的认知观念

心理学研究表明,引起强烈挫折感的与其说是挫折、冲突,不如说是受挫者对所受挫折的看法,以及所采取的态度。也就是说,挫折带来的真正威胁,不在于发生的、不可挽回的挫折本身,而在于对挫折如何认识、如何承受和如何行动。大学生因挫折陷入心理困境,很大程度上是因为认识方面的偏差。常见的不合理观念如下。

(1)此事不该发生。有些人把生活中的不顺利,学习、交往中的挫折、失败看作是不应该发生的。他们认为,生活应该是愉快的、丰富的,人际关系应该是和谐的、互助的。一旦生活中出现诸如人际关系方面的冲突,成绩滑坡,好友负心,评不上优秀等,就认为它不应该发生,而变得烦躁易怒、束手无策、痛苦不堪、失去信心。

(2)以偏概全。有些人常常以片面的思维方式看待事物,简单地以个别事件来断言全部生活,一叶障目。例如,有人对自己不友好,就得出结论说自己人缘不好或缺乏交往能力;一次考试不如意,就认为自己彻底失败,不是读书的材料;一次失恋就认为自己对异性没有吸引力等,从而导致自责自怨、自卑自弃的心理。以偏概全不仅表现在对自己的认识上,也表现在对他人、对社会的认识中。例如,因一事有错而对他人全盘否定;因社会有缺陷,存在阴暗面,就看不到光明,而彻底丧失信心。

(3)无限夸大后果。有些人遇到的是一些小挫折,却把后果想象得非常糟糕、可怕。

夸大后果的结果是使人越想越消沉,情绪越来越恶劣,最后难以自拔。例如,一门功课考试不及格,就认为自己能力不行,学不下去,毕不了业,找不到工作,人生没前途,生命没价值。这实际上是一种自己吓唬自己,给自己施加压力的做法。

除此之外还有许多其他不合理的认知,比如极端思维,即看问题的方式非黑即白,没有中间色彩;任意推断,即在证据不充分或缺乏时草率下结论。这些不合理的、歪曲的认知使人心理挫折加重,只有改变这些不良的认知方式,纠正错误的观念,才能实事求是地评价挫折带来的后果,从困难中看到希望,走出困境。这在心理治疗中被称之为"认知转变法"。

(四)优化自身人格品质

挫折承受力与人格特征有关。以下几种人格类型的人常常容易引起挫折感。①性情急躁的人。他们情绪变化大,易动怒,火爆脾气一点就着,常常因为一点芝麻绿豆的事而引起挫折感。②心胸狭窄的人。他们气量小、好猜疑,喜欢斤斤计较,容易产生消极的情感。③意志薄弱的人。他们做事缺乏耐力和持久性,患得患失,害怕困难,只看眼前利益,经不起打击和挫折。④自我偏颇的人。他们缺乏自知之明,或者自高自大、目空一切,或者自卑自贱、畏首畏尾。

为了提高挫折承受能力,大学生应主动培养自己良好的人格品质,改变那些不适应发展的不良人格品质,培养自信乐观、自强不息、宽容豁达、开拓创新等品质。自信才能乐观,乐观才能自信,两者相辅相成。当遇到挫折、困境时,如果相信自己一定能取胜,那就会积极地去改变现实,克服困难,战胜挫折,这是自信的作用。乐观者在面临挫折、困境时,不会被眼前的困难吓倒,而是能够透过表面的不利看到蕴藏在背后的希望,相信明天是美好的,从而信心十足地去战胜困难。

(五)学习心理调适技巧,主动寻求社会支持和专业帮助

学习一些自我心理调适方法可以有效地化解因挫折而产生的焦虑、紧张等不良情绪,从而提高挫折承受力。常用的自我心理调适方法有自我暗示法、放松调节法、想象脱敏法、想象调节法和呼吸调节法等。

提高挫折承受力,还应建立和谐的人际关系,营造自己的情感社会支持系统。当人遇到挫折时,一般都伴有强烈的情绪反应,处于焦虑和痛苦之中,这时,如果有几个好朋友或者亲友能够给予安慰、关心、支持、鼓励和信任,将能有效地缓解心理压力和降低情绪反应,从而增强对挫折的承受力。所以,大学生在遇到挫折时,不应将自己封闭起来,而应尽快找自己的好朋友和家人进行沟通,寻求他们的支持和帮助。

当一个人受到挫折后陷入不良情绪中不能自拔时,还可以寻求心理咨询师系统专业的疏导和帮助。通过心理咨询,受挫者在心理咨询师的引导下,化解不良情绪和行为反应,校正主观认识,发挥内在潜力,消除心理障碍,明确前进方向,最终获得心理上的成长,提高挫折承受力。

总之,大学生的学习生活不是一帆风顺的,挫折是多种多样的,应对挫折的方法也是灵活多变的。大学生应该学习挫折理论,掌握应对方法,培养健全人格,提高抗挫能力,增

强心理健康水平,使自己在战胜挫折的过程中得到更充分更全面的发展。

挫折承受力自测

每个人在生活中都不同程度地受到过挫折,人们在受挫后恢复的能力却各不相同。有些人弹性十足,有些人受挫后一蹶不振,而大多数人则介于两者之间。下列问题则可以测验出你应付困境的能力。在回答这些问题时;请你用"同意"或"不同意"作答。回答愈坦白,愈能测验出你的受挫弹性。同意画"√",不同意画"×"。

1. 胜利就是一切。
2. 我基本是个幸运儿。
3. 白天工作不顺利,会影响我整晚的心情。
4. 一个连续两年都名列最后的球队,应退出比赛。
5. 我喜欢雨天,因为雨后常是阳光普照。
6. 如果某人擅自动用我的东西,我会气上一段时间。
7. 汽车经过时溅了我一身泥水,我生气一会儿便算了。
8. 只要我继续努力,我便会得到应有的报偿。
9. 如果有感冒流行,我常是第一个被感染的人。
10. 如果不是因几次霉运,我一定比现在更有成就。
11. 失败并不可耻。
12. 我是有自信心的人。
13. 落在最后,常叫人提不起竞争心。
14. 我喜欢冒险。
15. 假期过后,我需要舒散一天才能恢复常态。
16. 遭遇到的每一否定都使我更进一步接近肯定。
17. 我想我一定受不了被解雇的羞辱。
18. 如果向我所爱的人求婚被拒绝,我一定会精神崩溃。
19. 我总不忘过去的错误。
20. 我的生活中,常有些令人沮丧气馁的日子。
21. 负债累累的光景叫我寒心。
22. 我觉得要建立新的人际关系相当容易。
23. 如果周末不愉快,星期一便很难集中精力学习和工作。
24. 在我生命中,我已有过失败的教训。
25. 我对侮辱很在意。
26. 如果聘任职务失败,我会愿意再尝试。
27. 遗失了钥匙会叫我整星期不安。
28. 我已达到能够不介意大多数事情的地步。
29. 想到可能无法完成某项重要事情,会使我不寒而栗。
30. 我很少为昨天发生的事情烦心。

31. 我不易心灰意冷。
32. 必须要有百分之五十以上的把握,我才敢冒险把时间投资在某件事上。
33. 命运对我不公平。
34. 对他人的恨维持很久。
35. 聪明的人知道什么时候该放弃。
36. 偶尔做个失败者,我也能坦然接受。
37. 新闻报道中的大灾难,使我无法专心工作。
38. 任何一件事遭到否决,我都会寻求报复的机会。

统计与解释:

上列问题,列入"不同意"者为:1、3、4、6、9、10、15、17、18、19、20、21、23、24、25、27、28、29、32、33、34、35、36、37,其余题为"同意"。

依上列答案,相符者给1分,相反为0分。如果你只得到10分或者更少,那么你就是那种易被逆境、失望或挫折所左右的人,你易于把逆境看得太严重,一旦跌倒,要很久才能站起。你不相信"胜利在望",只承认"见风转舵"。总分在11至25之间者,遇到某些灾祸或逆境的时候,往往需要相当时间才能振作起来。不过这类人却能找到很多的技巧和策略来获取个人的利益。如果你的总分高于25分,则显示你应付逆境的弹性极佳。不理想的境遇对你虽然会造成伤害,但不会持久。这类人在情感上通常相当成熟,对生活也充满热爱,他们不承认有失败,纵或一时失败,仍坚信有"东山再起"的一天。

思考题

有两个年龄差不多的兄弟,哥哥是城市里最顶尖的会计师,弟弟是监狱里的囚徒。一天,有记者去采访当会计的哥哥,问他成为这么棒的会计师的秘诀是什么?哥哥说:"我家住在贫民区,爸爸既赌博,又酗酒,不务正业;妈妈有精神病。我不努力,能行吗?"第二天,记者又去采访当囚徒的弟弟,问他失足的原因是什么?弟弟说:"我家住在贫民区,爸爸既赌博,又酗酒,不务正业;妈妈有精神病。没有人管我,我吃不饱,穿不暖,所以去偷去抢……"

分别从情绪反应、压力反应和挫折应对三方面谈谈兄弟两个的差别。

第六章
职业生涯规划与择业心理

学习目标
1. 了解大学生职业生涯规划的含义及阶段。
2. 掌握大学期间职业生涯规划方略的制作。
3. 学会调适大学生择业中常见心理问题。

比塞尔是西撒哈拉沙漠中的一颗明珠,每年都有数以万计的旅游者来到这儿。可是在肯莱文发现它之前,这里还是一个封闭而落后的地方。这里的人没有一个走出过大漠,据说不是他们不愿离开这块贫瘠的土地,而是尝试过很多次都没有走出去。

肯莱文当然不相信这种说法。他用手语向这里的人们询问原因,结果每个人的回答都一样:从这里无论向哪个方向走,最后还是转回出发的地方。为了证实这种说法,他做了一次试验,从比塞尔村向北走,结果三天半就走了出来。

比塞尔人为什么走不出来呢?肯莱文非常纳闷,最后他只得雇了一个比塞尔人,让他带路,看看到底是为什么。他们带了半个月的水,牵了两峰骆驼,肯莱文收起指南针等现代设备,只拄一根木棍跟在后面。

十天过去了,他们走了大约800英里的路程,第十一天的早晨,他们果然又回到了比塞尔。这一次肯莱文终于明白了,比塞尔人之所以走不出大漠,是因为他们根本就不认识北极星。在一望无际的沙漠里,一个人如果凭着感觉往前走,会走出许多大小不一的圆圈,最后又回到了起点。比塞尔村处在浩瀚的沙漠中间,方圆上千米没有一点参照物,若不认识北极星又没有指南针,想走出沙漠,确实是不可能的。

肯莱文在离开比塞尔时,带了一名叫阿古特尔的青年,就是上次合作的人。他告诉这位青年,只要你白天休息,夜晚朝着北面那颗星走,就能走出沙漠。阿古特尔照着去做,三天之后果然来到了大漠的边缘。阿古特尔因此成为比塞尔的开拓者,他的铜像被竖在小城的中央。铜像的底座上刻着一行字:新生活是从选定方向开始的。

是的,新的生活是从选定方向开始的,人生如果没有目标,那么生活也只不过是绕圈圈而已,人生的真正起点应该是设定目标的那一刻。

案例:
1978年8月4日,美国纽约市体育场,数万名来自全球各地的观众怀着复杂的心情参加了一位巨星隐退的仪式。一代球王贝利终于要退出绿茵场,举行告别赛了。球迷们带着巨大的遗憾汇聚到纽约,欣赏这位天才的最后表演。是什么造就了贝利,造就了历史上最伟大的球王?球王说:"我热爱足球,足球是我的生命!"

问题:

1. 上述案例说明了什么?
2. 了解自身特点在设置职业生涯规划中起着怎样的作用?

第一节 大学生职业生涯规划概述

一、职业生涯规划的含义

职业生涯规划是指在对个人和内外环境因素进行分析的基础上,对职业生涯乃至人生进行持续的系统的计划过程。职业生涯将贯穿人的一生。大学生职业生涯规划是指学生在大学期间进行系统的职业生涯规划的过程,它包括大学期间的学习规划、职业规划、爱情规划和生活规划。也就是在对一个人职业生涯的主客观条件进行测定、分析、总结研究的基础上,确定其最佳的职业奋斗目标,并为实现这一目标做出行之有效的安排。它的主要内容包括:自我认识(了解自己的性格倾向、职业兴趣及职业价值观定向);确立目标(确定职业方向和目标,制订职业发展道路计划);生涯规划(明确需要进行的自我学习、提升准备和行动计划)。

职业生涯规划是个人职业历程的首要环节,是实现事业目标,走向成功的第一步。因此,职业生涯设计不仅是当今就业形势和就业制度的要求,更是学生根据市场经济对劳动者的素质要求,有目的、有计划地塑造自己的客观需要。

心理案例

1953年,耶鲁大学对即将毕业的大学生做了一项调查:所调查的大学生当中,只有3%的人对于他们想达到的人生目标有非常清楚的计划,并将它们写下来。步骤包括:①为什么要达到这个目标。②达到这个目标可能碰到的困难。③需要和哪些人、哪些团体和组织合作。④达到这个目标需要具备的知识,行动计划,以及实现的日期。27年后,耶鲁大学又做了调查,发现这3%的学生成就远远超过了97%的人。

二、大学生职业发展规划的阶段

大学生活对于一个人的影响是深远和实在的。大学生所处的年龄阶段一般在17~23岁,这一阶段普遍认同为职业探索和职业准备阶段。大学生职业发展规划应按照大学学习时间分阶段进行,每个阶段面临不同的情况与任务,注意的问题也是不一样的,各个阶段具有各自的特点、目标和规划重点。分析各阶段实际情况,结合个人条件进行大学生职业发展与规划,有利于大学生职业发展与规划的针对性、具体性和明确性。一般来说,大学生职业发展规划可分五个阶段:适应阶段、成长阶段、冲刺阶段、分化阶段和实现阶段。

(一)适应阶段

这一阶段作为大学一年级学生进入新环境的起点,具有重要意义。这一阶段的主要任务是尽快熟悉和适应大学生活,对专业进行初步认识,了解专业人才培养目标和实施途径并对自我价值观念进行澄清,对个人特质进行评估,逐步养成自己的学习生活习惯,并在认识自我的基础上,结合对专业的认识,进行专业兴趣培养。大学生在搞好学习的同时,应当通过参加学生团体等学生组织,提高人际交往能力和组织管理能力。

(二)成长阶段

这一阶段又称为综合素质提升阶段,主要任务是结合自己的性格特长,在进行专业发展的基础上,着力提高自身的基本素质,包括个性优化、技能培养、心理素质提升、学习和交际能力提高等方面,并进一步调整自己的职业理想与目标。具体来说,学生可以通过担任学生干部,积极参与学校各种活动,提高自己的综合素质和能力;通过英语和计算机的相关证书考试,增强英语应用能力和计算机操作能力;尝试社会兼职等实践活动,最好能在课余时间长时间从事与自己未来职业或本专业有关的兼职工作,在工作中增强自己的责任感、主动性、意志力和应变能力。

(三)冲刺阶段

经过几年的大学生活和学习,学生个体综合能力有了明显提高,职业选择有了进一步的定位,目标更为细化与明确,因此本阶段亦可称为职业发展定向阶段。这一阶段,大学生的主要任务是对前两或三年的自我发展状况进行总结,通过对自我的再认识和再评估,确定下一阶段的发展方向——就业或继续深造。准备就业的学生,在进一步加强专业学习的基础上,应该注重提高求职技能,关注就业信息和就业政策。该阶段生涯目标的特点是:长期目标逐渐明确和坚定,近期目标更加具体,由于与社会密切接触,职业生涯目标得到有效修正,修正后的目标更加正确,与社会现实更加符合。

(四)分化阶段

找工作的找工作、考研的考研、出国的出国,在这一阶段学生的选择开始出现了分化,不过,大部分学生的目标应该锁定在工作申请及成功就业上。这一阶段,大学生经过三或四年的学习生活,无论是知识积淀,还是个人综合能力都有了全面的提升,职业目标多已较为明确,职业目标与个人能力之间的差距进一步缩小,已具备针对性地进行学习生活规划的能力。开始求职,积极参加招聘活动,在实践中检验自己的积累和准备,实现顺利就业。该阶段生涯目标的特点是:目标更具有现实性和可操作性。

(五)实现阶段

有些学生在大四的第一学期可能就顺利地完成了就业,第二学期就走入了社会,开始进入自己的职业生涯。毕业后,学生进入职业发展与规划的实现阶段,在此过程有成功的喜悦,更有充满挫折、甚至失败的泪水。这时,需要根据社会需求、自身情况和机遇不断对自己的职业发展与规划进行必要的调整,以保证职业发展目标的实现。

第二节 大学期间职业生涯规划方略

一个完整有效的职业生涯规划应包括自我评估、职业环境分析、职业目标的确定、制定策略与措施以及反馈与评估五个环节。

一、自我评估

自我评估是对自己做出全面的分析。个人职业生涯规划的第一个关键环节是进行正常的评估。在进行职业生涯规划时,同学们考虑更多的是"我想从事什么职业""我想在未来的职业生涯中达到什么样的目标",很少能用"我能干什么"的眼光来客观地审视自己。在这样的心态下所制定的职业理想很容易脱离自己的实际情况,也就无法实现。因此,需要对自己的兴趣、特长、性格、学识、技能、智商、情商、德商、组织管理、协调、活动能力等做出一个全面、客观、准确的分析和评价,找出自己的优势、劣势、优点、缺点,为选定生涯路线、目标、制订生涯计划提供依据。

具体来说,自我评估主要有以下几个方面。

1. 评估自己的现实条件

"尺有所短,寸有所长",每个人都有自己的长处和不足。在进行职业生涯设计时,要根据社会职业的需要来全面分析自身条件。自我评估是个人职业生涯规划的基础,也是获得可行的规划方案的前提。一个人只有通过自我评估,正确深刻地认识和了解自己,才能对未来的职业生涯做出最佳抉择。如果忽略了自我评估,所做的职业生涯规划很容易中途夭折。测试一下自己的职业兴趣、职业性格、职业能力等相关素质,以确定自己的职业特长,发挥自己的优势。

2. 预测自己的职业发展潜力

对大学生来说,职业生涯是未来的事,要分析自己潜在的条件,寻找到哪些是经过努力可能达到和具备的条件。这既是确定职业目标的重要根据,也是制定具体方法和措施的基础。

3. 分析就业环境及其变化趋势

由于经济、文化、科技、教育等社会因素发展的不平衡,导致职业发展、就业环境存在着差异性。因此,要分析就业环境,分析地区、社会、经济、科技等的发展情况,以及将要从事的职业在社会中的地位等因素。同时,还应认识到,就业环境不是一成不变的。在职业生涯规划时,要充分了解社会发展趋势对职业影响的程度,从而使自己的设计能够更好地与之相结合。

4. 寻找自身差距,找到弥补方法

通过分析自己的现实条件和潜在发展能力,以及职业对劳动者素质的要求,就会寻找到自身条件与职业要求之间的差距,制定弥补这些差距的措施和规划。这就需要大学生深入了解相关职业的有关情况,如职业资格、职业标准、职业道德规范等,做到有的放矢。

心理故事

两个和尚

有两个和尚分别住在相邻的两座山上的庙里。两山之间有一条溪,两个和尚每天都会在同一时间下山去溪边挑水。不知不觉已经过了五年。突然有一天,左边这座山的和尚没有下山挑水,右边那座山的和尚心想:"他大概睡过头了。"便不以为然。哪知第二天,左边这座山的和尚,还是没有下山挑水,第三天也一样,直到过了一个月,右边那座山的和尚想:"我的朋友可能生病了。"于是他便爬上了左边这座山去探望他的老朋友。当他看到他的老友正在庙前打太极拳时,他十分好奇地问:"你已经一个月没有下山挑水了,难道你可以不喝水吗?"左边这座山的和尚指着一口井说:"这五年来,我每天做完功课后,都会抽空挖这口井。如今,终于让我挖出水,我就不必再下山挑水,我可以有更多时间练我喜欢的太极拳了。"

我们常常会忘记把握闲暇时间,挖一口属于自己的井,培养自己另一方面的实力。如果我们没有忘记,那当我们年纪大了,我们还依然会有水喝,而且还能喝得很悠闲。

二、职业发展目标的确定

明确的目标是前进的动力。从职业生涯发展的角度来看,职业目标包括近期目标和中、远期目标。近期目标是在最近几年内、最近几个月内能够实现的目标,如干出什么成绩、晋升到什么职位、接受什么样的学习和培训等;中、远期目标则与自己的人生追求相接近,如成为部门经理等。通常中远期目标指明发展方向,而近期目标更多是比较具体与职业生涯发展的总体方向一致的。只有不断地实现自己的近期目标,才可能使自己职业生涯中的中、远期目标得以实现。

三、发展阶段的设计

实现职业理想,不是一蹴而就的,要靠每一个阶段目标的实现而达到。因此,在进行职业生涯规划时,要把自己的职业生涯分解为若干个具体的阶段,并确定各阶段的分目标。将这些阶段作为迈向最终目标的一个个阶梯,通过阶段目标的实现,逐步实现自己的职业理想。一般意义上讲,职业生涯的阶段可以分为准备阶段、实习阶段、选择阶段、定向阶段、发展阶段、实现阶段等。

制定阶段目标时要注意以下几点:一是不宜过高,遥不可及的目标是没有任何实际意义的;二是不能过低,不经过努力就达到的目标,不仅不能激励人们奋发向上,反而会降低人们的动机和热情;三是不要笼统和模糊,要能让自己从目标中找到具体的差距和不足。

四、措施的制订

在职业生涯规划中,措施是实现目标的重要保证,再完美的目标,如果没有具体的行动和措施来保证,也只能是纸上谈兵。大学生一般要根据自己的职业目标和实际情况,制订出可行的措施,在时间上做出具体安排,以确保目标的实现,从而使职业生涯更加美好而辉煌。

职业生涯规划设计案例

经营"鸿昌",让"鸿昌"更昌盛
某职业中专04级学生

时代总是在不停地进步,带我们走过了机械时代、蒸汽时代、电气时代,一直走到现在的信息时代。为了适应当今社会日新月异的发展趋势,人们都在不断地用新的知识武装自己。我们作为微机专业的学生,未来信息时代的一员,更应该树立远大的目标,采取切实的措施,跟上时代发展的潮流,进而实现人生的价值。

◆ **认识自我**

我从小在农村长大,生活在一个在当地还算是比较富裕的家庭中,父亲开着一家有十余名工人的私营企业——鸿昌汽保设备厂。从小受父亲这位"企业家"的影响,我对企业生产管理等有关事物具有浓厚的兴趣。妈妈也是"蓬生麻中,不扶自直",对财务管理尤为在行。因为这份兴趣和特长,我也初试锋芒,获得了一点小的成功。比如在本地比较有名的"腾达"塑料厂的商标就是我设计的。

我特有的生活环境及父亲的影响铸就了我倔强的性格——不轻易服人,也决不盲从,而是有自己独到的看法,并且敢于大胆地表现自己。比如在学校举办的辩论赛中,我赢得了"最佳辩手"的称号等。

我这个人最大的缺点就是——粗心大意,做事缺乏足够的耐心,这直接导致了我中考仅以2分之差没能考上重点高中。值得庆幸的是,我还能进入重点职业中专,并且选择了微机专业。

◆ 我的目标

成功要靠目标来领航,如果没有一个明确的目标来领航,就会随波逐流。并且人的生命是有限的,要使有限的生命更有意义,就必须使人生具有明确的目标。沿着正确的方向和道路前进,是一个人取得成功的重要因素。我根据自身的条件和所处环境,确定了以下几个目标。

第一阶段目标:充实锻炼自己。

第二阶段目标:考上理想高职院校。

第三阶段目标:扩大"鸿昌"规模。

◆ 措施及安排

(1)2004年7月—2005年7月:提高学习成绩。

措施:把文化课中比较弱的科目——数学补上来。在专业课上,努力做到不能有半点松懈并且要注重实践,将所学知识牢固掌握。

(2)2005年8月—2006年7月:争取将学习成绩保持在前五名,为实现第二阶段目标打好基础。

措施:订阅《电脑爱好者》《学习报》等,加强对专业课及文化课的学习。

(3)2006年8月—2007年6月:考上一所理想的高职院校。

措施:珍惜时间,给自己加上一节早自习,充分复习每门功课,查缺补漏。

(4)2007年9月—2010年7月:在高职院校学习期间,把自己塑造成为一名符合社会潮流的高素质人才。

措施:充分利用学校条件,学好本专业知识,利用课余时间学习企业营销知识,搜集一些成功企业的案例,为经营"鸿昌"企业做好准备。

(5)2010年—2015年:回"鸿昌"就业,结合所学知识与实践经验,提高企业的整体水平。

措施:深入企业的各个部门,找出企业自身的优势与不足,大胆改革,为企业的进一步发展注入活力。

(6)2016年—2025年:把"鸿昌汽保设备厂"的规模扩大,扩大就业能力,以转移当地农村剩余劳动力,提高当地经济的发展水平。

措施:投入资金及设备扩大"鸿昌"规模,充分利用网络优势,通过在互联网上发布信息,以扩大鸿昌汽保设备厂的知名度,让计算机在企业的发展中发挥重要作用。

职业生涯是人生重要的阶段,让职业生涯大放异彩是个人的需要,也是国家和社会的需要,而成功的职业生涯只属于有准备的人。相信,通过我的踏实努力,未来会属于我自己。

第三节 大学生择业中常见心理问题及调适

大学生求职就业的过程是告别大学生活的过程,也是通过社会同用人单位打交道,自我推销的过程,这其中困难重重,不仅有来自外部的许多障碍,比如就业市场的供求变化,用人单位的种种要求等,而且还会遇到大学生本身在就业中产生的一些心理问题。这些心理问题集中表现在两个方面:择业与求职面试。

大学生择业中常见心理问题及调适如下。

一、自傲心理

在职业选择中,自傲心理主要表现为自命清高,自命不凡,求职期望过高,不切实际。比如,有的大学生无视"双向选择"的求职规则,认为自己是最优秀的,只存在自己选择用人单位的问题,而无须用人单位选择自己。带着虚幻的期望去接触用人单位、接触社会往往容易遭到现实无情打击。一些大学生可能会因此而萎靡不振,心情灰暗,甚至抱怨自己"怀才不遇"。自傲心理是大学生职业选择的大敌。大学生应当牢记"人贵有自知之明",重视自我认知能力的培养。在大学生活中,要多与人交往,以人际关系作为一面镜子,照出自己的优点和不足;要有意识地参加一些集体活动和社会实践活动,以便发现自己,认识自己;要多审视、反省自己,不断总结自己的经验教训,在别人的评价和自己对自身的总结评价相结合的基础上,客观、正确地评价自己,以防止自傲心理的滋生和蔓延。

心理案例

案例描述:

某大学大四女生小慧当年以全省前几名的身份进入大学,在学校也担任过学生会、各种社团的干部,颇具领袖气质。她认为自己各方面条件都不错,不会没有好的归宿,哪个单位录用自己都是他们的荣幸。但是在很多次的面试当中,她超常的自信并没有带给她好运,许多单位都在她的比较高的姿态面前撤退了。

小慧感觉到非常失落和孤独,但她不愿意放低自己的要求去适应,她觉得这样是对现实的一种投降,如果今年找不到合适的工作,她宁愿放弃找工作,复习准备明年考研。她说她并不是好高骛远,期望值过高,看不上这个单位,瞧不起那种职业,她只是不愿意让自己的能力被遮掩在平凡当中,她希望"好钢用在刀刃上"。

案例分析：

小慧的思想在当前毕业生的择业过程中具有一定的代表性。不少毕业生过于向往经济发达地区，尤其是沿海地区的中心城市，最低的期望也是回自己家乡所在地的中心城市。他们只注重经济文化发达、工作环境优越的一面，而忽视了人才济济、相对过剩的一面，择业期望值居高不下，甚至还有逐年上升的趋势，从而导致主观愿望与现实需求之间的巨大落差。

二、自卑心理

在职业选择中，大学生的自卑心理表现也比较突出。有的同学要么觉得自己成绩不好，要么觉得自己能力不行，要么觉得自己关系不硬，总之纠缠在自己某方面所谓的"缺陷"里走不出来，看不到自己的优势，树立不了信心。比如一位大学生曾经说："自己成绩不怎么样，也没什么专长，家里又不认识什么权高位重的人，毕业了怎么找工作啊？"有这种就业自卑感的同学多以一些女同学、农村地区的同学和家庭经济困难的同学为主。有自卑心理的同学，应首先树立一种平等观念，即只要进入大学，大家的起跑线都是相同的，不论男生还是女生，家在农村还是在城市，没有高低贵贱之分，同样都要通过自身的不懈努力为将来的就业去奋斗；要正确看待当今社会出现的一些不公平现象；要认识到在就业市场上存在的不公平现象只是少数的暂时现象，树立"有志者事竟成"的观念；在大学生活中要经常和同学、老师、朋友交流，在一些集体活动中寻找成就感，培养自信心。

心理案例

案例描述：

毕业生小刘学习成绩和其他方面条件都不错，在就业的初期满怀信心。但由于专业冷门等原因，找过几家单位都碰了壁，结果产生了自卑感，在后来的择业过程中表现越来越差，陷入恶性循环而不能自拔，以至于到了新的用人单位那里，只能被动地问"学某某专业的要不要"，其他什么话都不敢讲，最终未能落实就业单位。

案例分析：

小刘的失败是由于自卑心理在作怪。在择业遭受挫折后，一蹶不振，对自己评价过低，丧失了应有的自信心，择业时缺乏主动争取和利用机遇的心理准备，不敢主动、大胆地与用人单位交谈，也就不能很好地表达自己。越是躲躲闪闪、胆小、畏缩，越不容易获得用人单位的好感。这种心理严重妨碍了一部分毕业生正常的就业竞争，使得那些原本在某些方面比较出色的毕业生也陷入"不战自败"的困境。

三、依赖心理

有些大学生从小在家里就备受父母亲友的关爱，有些甚至在大学期间也经常受到虽远隔千里但却仍无微不至的父母的照料，再加上这种学生从中学到大学一直一帆风顺，很少经历什么挫折，也从未独立地处理过一些事情，因而这种学生久而久之便产生一种依赖心理。懒于思考生活中的问题，不善于对自己生活中的事做出抉择，凡事拿不定主意，极愿听从父母师长的安排。在求职市场上，常常有父母递简历、填表格、答问题的现象。有的同学受传统教育意识的禁锢，还迷失在"统包分配"的误区里，害怕竞争，把就业的希望寄托在人事部门、教育部门的身上。他们对自己的毕业去向问题漠不关心，不闻不问，听天由命，消极等待，幻想机遇会敲响自己的大门。有的同学自以为家境优越，在找工作时懒于行动，缺乏独立、开拓意识，想凭借家庭的社会关系投机取巧，找到满意的工作，这也是一种依赖心理的表现。抱有依赖心理的同学，即便找到工作，也会在日后的工作中出现难以适应，工作效率低的情况。

大学生应当从在校期间就开始锻炼自己的独立性。由学会独立处理日常生活中的种种琐碎问题开始，养成自己独立思考、自主解决问题的习惯。在择业问题上，大学生应充分了解自己的兴趣和性格特征，结合自己的专业特色分析就业市场，主动出击，发挥自身的主观能动性，把择业的过程不仅当作找工作的过程，而且作为锻炼自己独立性的一次机会，为将来的发展打下基础。

四、从众心理

从众心理是在社会或群体的压力下，个人放弃自己的意见，而采取顺从的心理倾向。从众心理重的人，容易接受暗示，缺乏主见，依赖性强，不能独立思考，为了保持与大家一致，往往说违心的话，做违心的事。在大学生职业选择问题上，相当多的同学受从众心理的影响，盲目追求所谓的"潮流"，而忽视个人的真正需求。比如，在就业地点上，一味追求到大城市、中心城市、沿海城市去，不愿意到相对偏远的小城市或县乡镇工作；在职业类型上，计算机、建筑设计、自动化等行业门庭若市，而农林牧渔、地质采矿、海洋石油等行业却无人问津；在择业标准上，盲目追求"三高"，即起点高、职位高、薪水高，对"三高"单位趋之若鹜。这样往往由于竞争激烈，容易遭遇失败。

大学生择业的这种从众心理，究其原因，主要是由于大学生没有很好地了解当前的就业形势，再加上本身存在一定程度的自卑心理和依赖心理，不敢独立做出自己的选择，只好跟着大家一起走，人云亦云。人家往哪里走，他就往哪里走，什么职业热门，他就选择什么职业。大学生应当充分了解人才供需情况和就业形势，认清自我，合理确立自己的职业方向，增强自信心，克服从众心理的影响，为今后走上社会做好准备。

五、虚荣心理

虚荣心理也是大学生择业过程中的一种不良心理。虚荣心强的大学生,往往不切实际,好高骛远。他们选择职业的目的是为了让别人羡慕,满足自己的虚荣心,而不是为自己寻找施展才华的空间。有的同学在择业过程中有明显的功利意识,他们把眼光集中在知名度高、社会地位好、经济利益实惠的单位上,不考虑自己的专业、爱好以及能力。比如北京某高校一位学计算机专业的大学生,一心想进入某中央机关工作,认为这是一种值得炫耀的资本。但经过激烈的竞争如愿以偿后,却感到很失落。其计算机方面的知识派不上用场,活泼奔放、热情的性格也受到压抑,工作中还不断出现差错,事业陷入低迷。几年后,他当年的同窗好友一个个都取得了可观的成就,而自己却还是一无所成,这才后悔当初不应该太虚荣。"一着不慎,全盘皆输。"有的同学在择业中产生较强的攀比意识,总是"这山望着那山高",特别喜欢关注其他同学的就业取向,非要优于其他同学,自己才会心满意足。

虚荣心重的同学应当端正自己的就业动机,摆脱爱慕虚荣、喜欢炫耀的心态,在择业时注重实事求是;要加深对自身性格、气质、兴趣的了解,树立合理的择业观念,以保证自身的素质资源得以合理的配置和充分利用。

心理故事

教授的桶

教授带了两个学生,一个叫甲,一个叫乙。甲沉稳而好学,乙外向而张扬。教授很喜欢甲,逢人便夸奖他的优秀;教授也很想改变乙,但始终没找到一个好机会。

乙对教授平日表现出来的偏心很有意见,于是决定去找教授谈谈。一天,乙看到教授心情很好,便走到教授跟前,问教授:"老师,您经常夸奖甲,甲到底优秀在什么地方?"教授其实早就在等待乙找他的这一天,他认为这是教育乙的最好机会。听完乙的话,微笑着对乙说:"优秀不优秀,我说了不算。我认为最好的办法是让你们两个人比试一下。"乙当即同意了。

第二天,教授把甲和乙叫到一起,开始主持二人的比赛。教授:"我这里有两只桶,那边有两只一样大的水缸,你们两个人用这两只水桶从这边水池里打水。谁先把水缸装满,谁就是获胜者!"

甲、乙两人看着教授身后一大、一小两只水桶,谁也没说话。教授说:"乙可以先挑选水桶!"乙听到教授说他可以先挑选水桶,便二话没说,拿起那只大桶向水池跑去,甲拿起小桶跟着跑了过去。当乙把桶从水池里提出来的时候才发现,自己的水桶底部有个大洞。等他提着一桶水跑到水缸跟前的时候,桶里的水已所剩无几了。等甲把水缸装满的时候,乙才装了不到半缸。

教授宣布甲获得了胜利。他对二人说:"在做任何事情的时候都要仔细观察,如果观察不到位,即使获得了先机也可能失败!"

乙对比赛结果很不服气,于是教授决定再比一次,这次是由甲先挑选水桶。甲仔地看了看两个桶,拿起了那只大桶。乙偷偷地笑了笑,提起小桶朝水池跑去。甲在旁边顺手拿了一块毛巾,把水桶底部的洞堵上了,然后才去水池提水。大桶装的水比小桶两桶还多。等甲装满水缸时,乙刚装了一半多一点。

比赛结果又是甲取得了胜利。教授说:"发现问题及时采取补救措施,仍然不会失去优势。"

乙依然不服气,教授决定第二天再比。

回去以后,甲好像没发生什么事情一样,依然读他的书,写他的文章,而乙则找一块软木,刻了一个木塞准备第二天使用。

第二天一大早,大家都来到了水池边。教授说:"今天你们谁也不能先挑选水桶,要抢!抢到大桶,用大桶;抢到小桶,用小桶!"乙眼疾手快,不等教授说就把大桶抢到了手,甲拿到了小桶。等乙把大桶拿到手里的时候,傻眼了!这只大桶根本就没底!自然又是甲获胜了。

教授说:"任何事物都不可能是一成不变的,光靠经验去处理问题往往会导致失败!"乙这次彻底服气了。之后也变得沉稳、踏实起来了。

六、挫折心理

随着我国就业市场的变化,就业竞争的加剧,就业形势越来越严峻,而大学生未经世事,在就业中容易产生自我评价偏高、职业期望偏高的情况,在职业选择时容易受到挫折。比如理想的职业愿望不能实现,自己的职业选择不能被亲朋好友所接受和理解,都容易使他们产生挫折感。由于人们对挫折的承受能力各不相同,因此挫折对大学生择业造成影响也有所差别。有的大学生耐挫能力相对较强,因此对挫折的反应比较轻微,并能在短期内从失望中恢复过来;有的同学心理承受能力较弱,对挫折的反应较强烈,持续的时间也长些。挫折心理如果调整不好的话,会成为大学生职业选择的绊脚石,反之,如果能正确对待,积极调适,就会是职业选择过程中的一次磨炼,成为成功就业的垫脚石。

大学生在择业过程中要正确对待挫折,勇于战胜挫折。要善于正确分析挫折产生的原因,自觉调整自己的需要和情绪,认真反思,冷静处理,采取合理的心理防卫机制,如情绪转移、合理化作用等,舒缓心理压力,减少破坏性行为发生的概率。

此外,在职业选择中,还有一种危害性较大的心理——嫉妒心理,表现为对别人在选择中的顺利或成功进行贬低、挖苦、讽刺甚至造谣中伤。有嫉妒心理的大学生,一定要承认人与人之间的差距,抛却自私狭隘的意识,学会进行公平、正常的竞争,争取以实力取胜。

心理实训

畅想未来

目的:学会树立目标意识,让目标引领自己的行为;澄清并明确自己近期的目标,懂得分清主次。

操作:

1. 请你认真想象 5 年以后的此时此刻你正在做什么?10 年以后呢?20 年以后呢?
2. "假设你的生命只有 3 小时,你只能做 3 件事",请问你最想做什么?
3. 你生命中最想实现的 3 个愿望是什么?

第七章
恋爱与性心理

学习目标
1. 掌握正确恋爱心理的培养。
2. 熟悉恋爱的困惑与调试；性心理的困扰与调试。
3. 了解恋爱的心理特点；大学生性心理的基本特点。

著名诗人歌德说："天下哪个倜傥少男不善钟情？天下哪个妙龄少女不善怀春？"大学生对爱情的渴望和追求，随着身心发育的日渐成熟而自然萌发。在高校，越来越多的大学生越来越早地走到爱情的边缘，走进了自己的爱情世界。让我们一起来梳理这"剪不断，理还乱"的爱情，一起来了解爱情的多元和可能，一起来理解和领悟爱情的真谛，让我们一起通过学习在爱中注入智慧，一起在爱中获得彼此情感和灵魂的成长。

案例：
某女生对一位年轻男教师暗恋已久，每当该教师站在讲台上，该女生便会产生强烈的感情冲动，不能自已。该女生性格内向，不善向他人诉说自己的心事，只能把对青年教师的爱恋之情深深地埋在自己的内心深处，稍有闲暇便在脑海里想象与老师亲密在一起的情景，通过这种想象，满足自己的情感需求，并以此作为自己情感的依托，成为生活的一部分。时间一长，该女生出现了上课注意力不集中、走神、发呆的现象，严重地影响了其正常的学习和生活。

问题：
1. 这一同学主要的心理问题是什么？
2. 如何帮助她解决心理问题？

第七章 恋爱与性心理

第一节 正确认识爱情与恋爱

李琴琴是大一的学生,最近她发现自己对上大三的同乡张钊有一种异样的感觉,有张钊在的场合,她总是紧张、心慌,手足无措。又想看对方的眼睛又不敢长久对视。在他面前总想把自己打扮得漂亮一些,希望引起他的注意。当他和别的女同学有说有笑时,李琴琴的心里还有一点酸溜溜的感觉,不是滋味。她偷偷地问自己:"我这是怎么了,是爱上他了吗?我该怎么向他表白呢?"

一、爱情

1. 爱情的定义

自古以来,爱情引得芸芸众生竞相发问感慨,"问世间,情为何物,直教人生死相许""生命诚可贵,爱情价更高,若为自由故,二者皆可抛""曾经沧海难为水,除却巫山不是云"等抒发爱情的诗句数不胜数。那么,爱情到底是什么?

朴素地来说,爱情是两个异性之间所产生的爱慕、依恋的情感。Goodle认为爱情是两个成年异性之间的感情关注,其中至少包括性的欲望和温柔体贴的成分。《婚姻家庭大辞典》中将爱情定义为存在于人类两性之间的一种崇高的情感,是"人类男女间基于生命繁衍的本能和确保身心最大快慰而产生的互相倾心和追求的生理和社会的综合现象"。

心理学家对爱情的定义也不一而足。著名精神分析学家弗洛伊德认为对性结合的欲望是情感的中心,当这种欲望被限制时,作为对这种挫折的补偿,人们就会将他人理想化并坠入爱河。人本主义心理学家弗洛姆认为爱是一种用来减少人的分离感和孤独感的工具。分析心理学家荣格虽然没有明确对爱情下过定义,但在其原型理论中提出了阿尼玛(男性心中的女性意象)和阿尼姆斯(女性心中的男性意象)两个重要原型意象,认为每个人本来都是完整的,即同时拥有男性心理部分与女性心理部分,但在社会化的过程中与外在性别相一致的那部分心理特质被强化,即男性的男性部分被强化,女性的女性部分被强化,而男性身上的女性部分和女性身上的男性部分由于受到社会文化的排斥而没有发展起来,因此,爱情在某种程度上是一种对完整与完满的追求,正如人常说,我们是在"寻找自己的另一半"。

2. 爱情的成分

心理学家斯滕伯格的爱情三元理论认为爱情包括三种成分:亲密、激情、承诺(见表7-1)。

表 7-1　爱情三元理论

成分	内容
亲密	与伴侣间心灵相近、相互契合、相互归属的感觉,是爱情中的情感成分
激情	强烈地渴望与伴侣结合,促使关系产生浪漫和外在吸引力的动机,是爱情中的动机成分
承诺	承诺分为短期和长期两种。短期的承诺是指个体"决定"要去爱一个人;长期的承诺则是对两人之间的亲密关系所作的持久性的承诺。它是爱情中的认知成分

斯滕伯格认为喜欢、友谊和爱情是不同的:喜欢之情只包括亲密感,没有激情与承诺部分;友谊只包括亲密和承诺部分;而真正的、完整的爱同时包括亲密、激情和承诺三种成分。

二、恋爱

1. 恋爱的定义

恋爱是一种以爱情体验为基础的特殊的亲密人际关系,是一种过程和状态。

2. 恋爱与依恋

恋爱作为一种特殊的亲密关系,与每个人童年建立起的自我意象和依恋关系,特别是早期的亲子关系有很大关系。如果孩子在早期的关系中感受到爱与信任,他就会觉得自己是可爱的、值得信任的,但如果他的依恋没有得到满足,他就会对自己形成不好的印象。一个不受欢迎的孩子不仅觉得自己不受父母欢迎,而且相信自己基本不被任何人欢迎;相反,一个得到充分依恋满足的孩子长大后不仅相信父母爱他,而且相信别人也觉得他可爱。这一心理暗示会随着我们的长大而根植到我们心灵的深处,于是,成人的三种人际关系类型也出现了。①安全依恋。安全依恋类型的人认为自己和他人都是可爱的,是好的。他们很容易和爱人接近,并且可以非常惬意地依靠他们的爱人。他们不会担心被抛弃,也不担心别人和他们太过接近。安全依恋类型的特征表现:较有信任感,较少感到孤独,倾向于和别人保持长期的关系,喜欢享受性爱的乐趣,尤其享受和长期的伴侣间的两性关系。自尊心强,同时对他人也很尊重,面对压力的时候会寻求社会支持。当爱人面对压力的时候,能够慷慨地给予支持。②焦虑、矛盾依恋。焦虑、矛盾依恋类型的人通常会比他们的爱人更为迫切地想和对方接近,而且常常抱怨他们的爱人似乎不愿意像他们所希望的那样和他们接近。在恋爱关系中,他们最担心被抛弃。这种类型可以划分为专注型依恋风格和放弃型依恋风格两种。专注型是对自己评价很低,而对别人期望却很高,对自己采取否定态度,对别人却寄予厚望。特别希望得到别人的喜欢、爱和接受。放弃型则正相反,他们对别人很失望,很不信任,对自己的评价却非常高,认为自己很有价值,独立性很强,自己是值得别人喜欢和接受的。但令人遗憾的是,别人对他们的看法却不是这样。别人会认为这类人难以相处、不友好、社交力有限等。③回避依恋。回避依恋类型的人在爱情关系中不会因为与伴侣的亲密而感到舒服。因为害怕承受失去和被拒绝的痛苦,他们不允许自己依赖他们的伴侣,并且会因为和他人太亲密而感到不安。这种依恋类型的特征包括:尽量减少人际交往、避免亲密关系,以保护自己免于承受被人抛弃的痛苦;往往缺乏耐心,在不等别人把事情说完就开始表现出愤怒和敌意。他们与未来的恋人相处时,也很少感到亲密和幸福。这种依恋类型的人最容易产生不良的人际关系,容易产生嫉妒心,以及酗酒、吸毒等。

三、树立正确的爱情观

爱情观是一个人对爱情的根本看法、观点与态度,是人生观的一部分,它直接影响到一个人对爱情的期望、在爱情中扮演的角色、与恋人或爱人的相处方式以及处理爱情中遇到问题的方式。而正是这些因素,影响着我们能否获得美好的爱情体验。

首先,现代的东方爱情观认为爱情是建立在双方自愿的条件下的一种权利与义务的综合体。爱情应是理性与感性的完美结合,简单来说就是要在真挚的感情基础上保持尊重。

其次,爱情无疑是人生中非常绚丽的一笔,但远远不是人生的全部。作为即将谈情说爱又缺乏经验的高职高专的学生们,要摆正爱情在我们人生中的位置,让爱情起到积极的作用,推动我们学业事业的发展。就像电影《初恋这件小事》里女主角所说:"他就像是我生命中的灵感,他让我了解爱的积极意义,他就像是让我一直前进的动力,让我有了今天的成绩。"

再次,爱情只是我们丰富的人际情感中的一种,也只是爱的一种,只是因为其独特的亲密关系与结合方式较其他情感更为特殊。朋友和家人是我们稳定而坚强的情感依托,所以我们不能因为爱情忽略了与朋友间的友谊,更不能忽略与父母的亲情。

最后,爱情不应该被用作达到任何不正当目的的手段。研究显示,当代年轻学生恋爱的动机趋于复杂化,如为了填补寂寞空虚、面子和物质条件等而恋爱,这些不以爱为基础而为达到特殊目的建立的恋爱关系对自己和他人都是一种非常不尊重、不负责任的行为,也是对爱情的亵渎和玩弄。这种关系的发展过程由于缺乏了爱这一最坚实的基础,必定会遇到更大的麻烦和问题。

第二节　大学生正确恋爱心理的培养

一、大学生恋爱的心理特点

大学生由于其独特的生理和心理特点,他们的爱情也有着独特性,主要表现在以下几点。

(1)大学生恋爱纯真、纯净、浪漫、理想化有时甚至单纯。大学生在经济上依靠父母,缺乏对现实社会真实、深入的了解,对未来生活的设计过于乐观,对将要面临的困难、挫折也没有充分的心理准备。多数大学生恋爱如同琼瑶笔下的男女主人公,没有现实生活的压力,男女的第一要务就是认认真真地恋爱。但爱情永远离不开坚实的大地,脱离现实生活的爱情必然不会长久。

大学生对爱情都有着美好的憧憬,如"爱情是神圣的、坚贞的","爱情如钻石恒久远,一颗永流传","当爱情到来,一切都是那么简单",同时,大学生又有对爱情的无,如"爱情如流沙","爱是什么?相爱,不就是两个人你爱我,我爱你,还有我现在相爱,以后会怎么样呢?会结婚吗?所以我很犹豫,我很彷徨"。因此,当代大学生的恋爱充满着浪漫与高尚,又逃不脱现实的残酷。确实,现实的爱情从来就没有"世外桃源般的爱情"。

(2)大学生恋爱的盲目性。内部的需求(心理断乳期)和外部浓郁的恋爱氛围(风气),使一些大学生觉得恋爱是大学阶段所要追求的另一目标,甚至部分大学生把谈恋爱认为是"本事"。在这些大学生看来,别人一个接一个地步入"两人天地",甚至个别大学生接二连三地更换恋爱对象,是有本事的表现,如果自己不谈,就会显得"没本事"。但是,仅仅为了显示自己的才能,在各种条件都不成熟的条件下匆忙择偶,其结果或是择偶不满意,或是短暂的罗曼史。

(3)大学生的恋爱充满着冲突。很多大学生的主观愿望是好的,他们很自信能处理好爱情和自己事业前途的关系,但往往事与愿违。大学生面临很多压力,如考研、就业、经济、学业、人际关系等,恋爱是需要大量的心理能量的,学业压力、成长压力特别是性压力,对恋爱的双方都是巨大的心理与意志考验。实践经验表明,真正在客观上、行为上能够正确处理好学业与爱情关系的大学生虽然也有,但为数不多,更多的是一旦坠入情网就不能自拔,强烈的感情冲击了一切,学习同样受到严重影响。很多大学生在不知不觉中变得"儿女情长,英雄气短",成就事业的热情一天天冷却,爱情逐渐成为生活的唯一追求。

(4)大学生的恋爱观逐渐开放,传统道德开始淡化。传统的爱情理念在今天的大学校园受到空前的挑战,与前20年的大学生相比,当今大学生恋爱观日益开放,传统道德逐渐淡化。国外一些"性开放""试婚"等观念逐渐影响了大学生,使部分大学生处于理智与感情矛盾的旋涡中。如:40.8%的男同学认同"爱人只能一个,情人可以多个",22.91%的女生也有这样的看法;34%的学生不反对婚前性行为,其中17%的学生赞成婚前性行为,9%的同学认为无所谓,只要顺其自然。

(5)大学生对恋爱挫折的承受能力较弱。大学生中"有情人"虽多,但"成眷属"者少,这样就会有很多的大学生经历失恋的痛苦。在对某大学的学生进行调查时,主张"不成恋人成朋友"的为49%;发愤学习驱散失恋痛苦的为36.5%;"找新的对象抚平创伤"的为10.5%;"报复对方"的为2.4%;"悲观厌世"的为1.6%。感情受到挫折后出现一段时期的心理阴暗期是正常的,大学生应对自己和对方都采取宽容的态度,尊重对方的选择。但仍有一部分学生摆脱不了"感情危机",有的失去信心,放弃对爱情的追求,立下誓言"横眉冷对秋波,俯首甘为光棍"。因失恋而失德者,虽属少数,但影响很大。

二、大学生恋爱心理的培养

(一)树立正确的恋爱观

(1)端正恋爱动机。根据心理学的研究发现,动机是人做事情的内驱力,不同的恋爱动机会带来不同的恋爱体验。建立在攀比、虚荣、好奇等不正确的恋爱动机上的恋情就如空中楼阁一般没有坚实的基础,是一种伪爱情,这种恋情往往会发育不良,最终难免落入夭折的困境。只有建立在正确恋爱动机上的恋情才能开出真挚的爱情之花。

(2)认清爱情本质。浪漫之爱难以持久,激情过后的平静才是爱情的本质,亲密和相伴是维持爱情的良方,选择适合自己的恋人才是美好恋情开始的关键。研究发现,人们存在两种截然不同的择偶观:一种是异质同构,即认为人们会被与自己有差异的人所吸引;另一种是同质同构,即人们倾向于选择那些与自己相似的恋人。研究发现,在种族、年龄、信仰、社会经济地位、智力、性格、态度、兴趣、爱好、生活习惯、生理吸引力等方面相似的恋人,其恋爱满意度更高,冲突更少。恋人间越相似越容易成为好朋友,这恰恰是爱情长期维持的基础。

(3)处理好爱情与学业的关系。大学是知识积累的阶段,在体验美好爱情的同时,不要忘了作为学生的主要任务是学习。当然,爱情与学业并不矛盾,爱情可以促进学业,推动个人争取更大的成就;爱情也是一个人苦闷时的支柱,是信任的源泉。但是,如果不能很好地控制自己的感情,恋人不在身边就坐立不安,与恋人争吵时斤斤计较,不仅影响学习,也影响身体健康。因爱情而荒废学业得不偿失,理智地处理爱情与学习的关系,对大学生的身心发展和人格塑造有着极为重要的意义。

(二)发展健康的恋爱行为

(1)恋爱言谈要文雅,讲究语言美。交流中要诚恳坦率自然,不要为了显示自己而装腔作势,矫揉造作;不能出言不逊,污言秽语,举止粗鲁;相互了解时,不要无休止地盘问对方,使对方自尊心受损。否则只会使之厌恶,伤害感情。

(2)恋爱行为要大方。一般来说,男女双方初次恋爱,在开始时常感到羞涩与紧张,随着交往的增加会逐渐自然与大方。这个时期要注意行为举止的检点。有的人感情冲动,过早地做出亲昵动作,使对方反感,影响感情的正常发展。

(3)亲昵动作要高雅,避免粗俗化。高雅的亲昵动作能发挥爱情的愉悦感和心理效应,而粗俗的亲昵动作往往引起情感分离的消极心理效果,有损于爱情的纯洁与尊严,有损于大学生的形象,同时对旁人也是一种不良的心理刺激。

(4)恋爱过程中要平等相待,相互尊重。不要拿自身的优点去比较对方不足,以此炫耀抬高自己,戏弄贬低对方。也不宜想方设法考验对方或摆架子,这些都可能挫伤对方的自尊心,影响双方的感情。

(5)善于控制感情,理智行事。恋爱中引起的性冲动,一方面要注意克制和调节,另一方面要注意转移和升华,参加各种文娱活动,与恋人多谈谈学习和工作,把恋爱行为限制在社会规范内,不致越轨,要使爱情沿着健康的道路发展。

(三)培养爱的能力

爱的能力是指和他人建立亲密关系的能力,它对人一生的发展有着重要意义。弗洛姆在《爱的艺术》中指出:爱是一种能力,也是一种艺术,也是一个人的终生任务。培养爱的能力是大学生的发展课题。

(1)识别爱的能力。由于主客观原因,部分大学生分不清什么是真正的爱情,从而酿成爱情悲剧。因此,学习辨别爱情真伪,是渴望爱情的大学生迎接爱情的必要准备。大学生在审视自己爱情的时候,应该清楚:爱情不是好感,爱情不是感情冲动,单相思更不是爱情,要学会正确区分爱情与异性友谊。

(2)表达爱的能力。若一个人心中有了爱,在理智分析之后,敢于表达也是一种爱的能力。在表达爱时,应注意:要有信心和勇气;使用恰当的方式和语言;明白爱一个人是幸福的,即使得不到回报;爱也意味着要承担责任。

(3)接受爱的能力。面对别人的示爱,能及时、准确地做出判断,并做出选择,这也是一种爱的能力。接受爱的能力包括:懂得爱是什么;了解自己,知道自己喜欢什么,需要什么,适合什么;对自己和他人保持敏感和热情。

(4)谢绝爱的能力。大学生应对自己不愿意或不应当接受的爱有谢绝的能力。主要包括以下两个方面:敢于理智地拒绝不希望得到的爱情,学会勇敢地说"不";掌握恰当的拒绝方式,关切、尊重和机智地维护自己和他人的利益。

(5)解决爱的冲突的能力。恋人之间协调、合作和解决矛盾冲突的能力主要有:包容、理解、体谅;有效的沟通,避免伤害性的争吵和冷战。

(6)保持爱情长久的能力。接受爱相对容易,维持爱相对更难。维持爱情长久需要爱的能力。如真正地关心对方,走进对方的内心世界;智慧、耐力、持之以恒和责任;培养无私的品格和奉献精神;保持自己的个性,有自己的追求与发展;学习新东西,善于交流,彼此欣赏。

第三节　大学生恋爱的困惑与调适

恋爱的过程是感情发展的过程,是彼此深入了解、互相适应的过程。在这个过程中两人之间的感情,往往会伴随着各种矛盾和冲突。意大利作家薄伽丘说:"真正的爱情能鼓舞人,唤醒他内心沉睡的力量和潜藏着的才能。"但是有些大学生却处理不好恋爱中出现的问题,未能从中获得全新的自我体验和人格塑造,而是从中迷失自我,出现了各种困惑和痛苦。大学生的恋爱问题有以下种种表现。

第七章 恋爱与性心理

一、单恋

单恋多是一场情感误会,是大学生"爱情错觉"的产物。"爱情错觉"是指因受对方言谈举止的迷惑,或自身的各种主观体验的影响而错误地主动涉入爱河,或因自以为某个异性对自己有意而产生的爱意绵绵的主观感受。"爱情错觉"导致的是一厢情愿式的单恋,俗称单相思。单相思有两种情况:一种是毫无理由的"单相思",对方毫无表示,甚至对方还不认识自己,而自己执着地爱对方,追求对方,这种恋爱,是纯粹的"单向";另一种是自认为有"理由"的单相思,错认为对方对自己有情,于是"落花无意"变成"落花有意",这是假"双向",真"单向"。

大学生心理尚未完全成熟,单恋现象比较常见,且较多地出现在性格内向、敏感、富于幻想、自卑感强的学生身上。首先是自己爱上了对方,于是也希望得到对方的爱,在这种具有弥散作用的心理支配下,就会把对方的亲切和蔼、热情大方当作是爱的表示,并坚信不已,从而陷入单恋的深渊,不能自拔。

对于单恋可以从以下几方面进行调适。

(一)主动了解对方的态度

钟情的一方可以主动采取行动了解对方的一些重要情况以及对你的态度。比如,对方有没有意中人?如果还没有,那么他的择偶条件和标准是什么?你现有的条件能否引起他的爱慕?他对待你仅止于一般的礼貌和热情,还是有什么异乎寻常的地方?弄清楚这些情况再根据可能性大小来做决定。

(二)勇敢地向对方示爱

如果他还没有意中人,而你现有的条件又基本能符合他的要求,你在他心中又确实占有一定的位置,这时与其受相思之苦的煎熬,还不如下定决心通过适当的方法向对方表白自己的心迹。当然,在求爱之前,你必须要有清醒的认识,即求爱的结果可能是对方接受,也可能是拒绝你,你做好了被拒绝的准备吗?

(三)自我解脱,急流勇退

一旦真的被拒绝,虽然痛苦,但也值得庆幸。"长痛不如短痛",与其忍受单恋遥遥无期的长痛,不如"慧剑斩情丝"。如果对方已有意中人,或者你现有的条件根本引不起他爱慕,那你就要有自知之明,急流勇退,尽可能把他忘掉。俗话说:"天涯何处无芳草。"在一个人那里失去的爱情,一定可以在另一个人身上重新找到。世界上并不存在天造地设的"一对",任何两个人的恋爱都带有一定的偶然性,有的咫尺相爱,有的千里有缘。这是因为一个人爱的绝不只是一个人,而是相似的一类人,只是由于某种原因其中一人先闯进了你的生活领域,为什么非要在一棵不结果的树上吊死呢?

(四)把爱埋在心底

爱别人的感觉虽然是美好的,但如果没有结果,明智的方法是把这份美好的感情封存在心底。当对方无意,最好的爱就是忘记他,不要让自己打扰对方的平静,也不要让对方与你一起陷入烦恼之中。在心里为对方默默地祝福吧,这才是爱的最高境界。

(五)理智地转移注意力,释放郁积的情感

当你发现自己陷入单相思中无法自拔时,应想方设法逃离,拯救自己。对付单相思的一个好方法就是改变生活环境,转移感情注意力。把自己封闭起来,离群索居是最愚蠢的做法。你可以找知己聊聊天,也可以求助辅导老师,或到朋友家串串门,或投身于大自然,让自然的瑰丽美景冲淡你的忧伤。也许,现在的你认为自己永远忘不了他,但无数人已经证明,时间是最好的良药,它可以抚平你的忧伤,帮助你忘记想忘记的人。

(六)情感升华

既然单恋使你痛苦难受,又明知毫无结果,此时最好把精力转移到学习和工作中去,在紧张、繁忙的工作和学习中忘却痛苦,说不定还会有意外的收获。

(七)不要盲目地急于再次恋爱

为了摆脱单恋之苦,匆忙开展另外一段"恋情"似乎可以在短时间内使心灵得到抚慰,但是盲目和一个自己不爱的异性"相恋"所带来的结果往往是另一种痛苦的衍生,急病乱投医只会适得其反。另外,这种做法实际上也是骗己骗人,是不道德的。

二、多角恋

"爱情之酒甜而苦,两人喝,是甘露;三人喝,是酸醋;随便喝,要中毒",陶行知如是说。

所谓多角恋是一个人同时被两个或两个以上的异性所追求或自己同时追求两个或两个以上的异性并建立了爱情关系。

多角恋是爱情纠纷的主要原因之一,实质上是比单恋更为复杂、更为严重的异常现象。由于恋爱具有排他性、冲动性,因此任何一种多角恋都潜伏着极大的危险性,一旦理智失控,就会给对方及社会带来恶果。

多角恋爱的调适策略有以下几点。

(1)当你已与一个异性确定了爱情关系,生活中又闯进了另一个异性时,如果你与前者只是好奇、冲动,相爱时间不长,感情较浅,精神相容性较差,而后者对你更具吸引力,那么你不妨先疏远前者,再明确中断与前者的恋爱关系,待对方心理恢复正常,有一定的心理承受力时,然后才可以和后者热恋。反之,如果你与前者感情尚可,且相爱时间较长,只是对方在某些次要方面还有不合自己心意的地方,你应该用爱情的力量鼓舞和帮助对方不断地改进,从而缩小对方与自己心目中理想伴侣形象的差距,并彼此达到人格、能力、志

趣等方面的和谐。那种一遇上异性追求者,就轻率地抛弃先前情人的做法是不可取的,这样做不仅会伤害对方,而且对自己也未必是最佳的选择。

(2)当你同异性并未建立恋爱关系却与所有异性保持着等距、暧昧、不同寻常的关系,正处于进退维谷、取舍两难的境地时,你可以从生理条件、心理品质、社会条件以及多层次的美感表现等方面进行比较,并尽快做出抉择。

(3)谨慎对待情场竞争的成功与失败。当你凭借自己的实力和光明正大的努力而取得爱情时,尽量不做刺激失败者、激化矛盾的事情,否则会导致爱情的毁灭。当你判定自己处于"劣势",应有情场"勇退"的精神,并学会正确的自我评价,自我解脱,退出竞争的三角旋涡。这是明智之举,并不是无能、怯场的表现。

三、失恋

失恋是恋爱过程的中断,即恋爱挫折。产生失恋的原因多种多样,都会给失恋者带来严重的心理创伤。一个痴情的人被其恋爱对象抛弃,有的可能一蹶不振,有的为此轻生,有的经过好长时间才能重新振作,有的会在短时期内重建新的恋爱关系。一旦失恋,失恋者应当面对现实,尽快从痛苦和消极的情绪中摆脱出来。

如何摆脱失恋的痛苦呢?

(1)面对失恋的现实,而不失理智。失恋者精神遭受打击,悔恨、遗憾、愤怒、惆怅、失望、孤独等不良情绪会困扰心头,此时应主动找朋友倾诉,释放心理负荷。可以把自己的烦恼和苦闷向知心朋友毫无保留地说出来,听听他们的劝慰和评说,这样心理会平静一些。也可以用书面文字,如用写日记或书信的形式把自己的苦闷记录下来,或给自己看,或寄给朋友看,这也是释放自己的苦恼,并寻得心理安慰和寄托的好方法。

(2)转移情感与情境,合理宣泄移情。爱的伤口的痊愈需要时间。多给自己一点时间,尝试忘记对方的一切并学会及时适当地把情感转移到失恋对象以外的人或事物上,让自己的生活充实起来,可以去看一场喜剧电影,去打一场球,看一本好书,也可以到喜欢的地方散散心,还可以发展密切的朋友关系,交流思想,倾吐苦闷,陶冶性情,或投身到大自然的博大胸怀中,从而得到抚慰。

(3)自我调节,失恋不失志。爱情是以互爱为前提的,不可因一厢情愿而强求,应该尊重对方选择爱人的权利。失恋固然是失去了一次机会,然而却让你进入了另一个充满机会的世界。正如海伦·凯勒所言"一扇幸福之门对你关闭的同时,另一扇幸福之门却在你面前洞开了"。失恋者积极的态度会使"自我"得到更新和升华,全身心地投入到工作中,许多失恋者因此创造出了辉煌的成就。居里夫人、歌德、贝多芬、罗曼·罗兰、诺贝尔、牛顿等历史名人也都曾饱受失恋的痛苦,他们在失意中立志,欲火中重生,不仅从失意的痛苦中解脱,还成就了一番大事业。他们是积极转移失恋痛苦的楷模。

第四节 大学生的性心理困扰与调适

一、大学生性心理的基本特点

(一)本能性与朦胧性

大学生,尤其是低年级大学生的性心理还缺乏深刻的社会内容,基本还是生理急剧变化带来的作用。他们往往怀着好奇心,甚至怀有罪恶心理来秘密探求性知识,觉得很有神秘感,他们对异性产生着浓厚的兴趣、好感和爱慕。然而,这种生理变化带来的性意识的觉醒和萌动还披着一层朦胧的面纱,在此基础上,在朦胧纷乱的心理变化中,性意识逐渐强烈并成熟起来。

(二)强烈性与文饰性

大学生正处于心理断乳期,心理闭锁是其显著的特征。他们寻求自我独立又感到孤独无依;既渴求在新的集体中得到帮助和安慰,又紧紧地闭锁自己的心灵。这种悖反的心理导致了性心理外显方式的文饰性。他们虽然十分重视自己在异性心目中的形象、评价,但表面上却表现出无动于衷、不屑一顾,或做出故意回避的样子。他们表面上好像讨厌那种亲昵的动作,但实际上却十分希望体验。这种心理上的矛盾,使他们产生了种种心理冲突和苦恼。

(三)动荡性和压抑性

青年期是人的一生中性能量最旺盛的时期,体内突然增加的性激素分泌的刺激,会引起强烈的生理感应和心理体验。尤其是外界各种渠道的性刺激,更易诱发性的需求和冲动,出现动荡不安的情况。然而,他们深感道德、法律的力量,这种欲望被理智限制和约束着,于是在需求和满足之间出现了尖锐的冲突和矛盾。一般情况下,多数学生可以通过学习、工作、文体活动、社交等途径,使生理机能得到正当的释放,可以减弱、转移性的生理冲击力,使之宣泄、升华、补偿,但也有些大学生会出现不同程度的性压抑,甚至少数学生以扭曲的方式、变态的行为表现出来,如"厕所文学""课桌文学"、窥视癖、恋物癖等。

(四)性别上的差异性

大学生的性心理因性别不同而有所差异。在感情流露上,男性往往表现得较为外显和热烈,女性则往往表现得比较含蓄和深沉。在内心体验上,男性更多的是感到新奇、喜悦和神秘,而女性则会产生茫然和不安的感觉,常常会感到不知所措、惊慌、羞涩、喜悦、惧怕,以至于神思恍惚、神情迷惘。在表达方式上,男性一般比较主动,有意识地在自己爱慕的异性面前显示自己、表现自己,常常寻找机会向对方暗示甚至直接表白自己的爱慕之情。女性则往往显得被动,有明显的羞涩和腼腆感,他们一般不会主动向对方表露心迹,更不愿意向对方直接表白自己的爱慕之情,至多是用言语或目光暗示对方,促使对方了解自己的内心所爱,使对方主动大胆地追求自己。此外,男性的性冲动主要被性视觉刺激唤起,而女生则易在听觉、触觉刺激下引起性兴奋。

二、大学生性心理问题

(一)性生理的困扰

(1)性体象的困扰。处于青年早期的大学生,体象发生了很大的变化,他们的困扰主要体现在不能客观、正确认识自己的身体及第二性征,容易对自我体象产生失望感。男生会为自身矮小、身材瘦弱或阴茎太小而自卑;女生会因为体型太胖、长相一般或乳房小而感到苦恼。体象的困扰会使大学生体验到较多的负面情绪,导致其自尊、自信下降,甚至出现抑郁、社交恐惧和性功能障碍等。

(2)遗精和月经的困扰。遗精是指男性在无性交状态下的射精现象,是青春期男性正常的生理现象,是性成熟的标志。青年男子90%以上都会出现遗精现象,但仍有相当一部分大学生对其感到羞愧、厌恶甚至恐惧。女性的月经是子宫内膜周期性自然脱落的现象。月经期的女性处于生理的低潮期,身体的耐受性下降,容易产生疲劳、心情低落的感觉,这都是正常的生理反应。由于对月经存在不愉快的感受,使有些女性产生厌烦和嫌恶心理,这种感觉会加重情绪的低落和身体不适感,最终形成一个恶性循环。

(二)性意识的困扰

(1)性冲动。突发性的性兴奋称为性冲动,是在性激素和外界刺激的共同作用下产生的正常生理反应。青春期最容易发生性冲动,但由于未受到科学的性教育,加上传统观念的影响,造成一些大学生对其产生否定、批判的态度,同时又难以找到合理宣泄和转移的途径,久而久之产生焦虑、自我谴责和压抑的情绪,导致心理困扰。

(2)性幻想。性幻想是在觉醒或半觉醒状态下,个人沉浸到与所喜爱异性交往情景中的心理活动。当想与异性交往的强烈愿望不能够实现时,性幻想就有可能发生,幻想者是爱情故事中的主角,构想出与自己喜爱的异性约会、拥抱、恋爱、结婚等细节。适度的性幻想在一定程度上可以缓解性压力,然而过分地沉溺于性幻想中会导致注意力下降,影响学习和生活,严重者会将幻想当作现实,进入精神病态。

(3)性梦。性梦是指在睡眠状态下,因梦境情节而产生性兴奋,这是人们通过梦达到舒缓被社会规范所限制的性冲动的方式。性梦是正常的心理现象,但一些大学生因缺乏相应的性知识,对性梦了解甚少,对自己出现性梦感到羞愧、自责和抑郁。

(三)性行为的困扰

(1)手淫,又称为自慰,是指用手或者替代物刺激、摩擦性器官而获得性快感的行为。手淫是一种自我的心理缓解,能在一定程度上宣泄释放性能量,缓解紧张情绪,并不像传统所讲的会导致身体虚弱、元气损耗等。国内调查显示,多数男性存在手淫经历,女性也存在一定的数量。手淫的危害并不在于手淫本身,而是对其所产生的恐惧、自责、羞愧和罪恶感。大学生对手淫的依赖和手淫后的负罪感交织在一起,造成心理的紧张和苦闷,给生理健康带来一定的影响。

(2)婚前性行为。这是一个比较宽泛的概念,一般指在没有办理合法婚姻手续前发生的性行为。当前大学生对待性的态度比较开放,认为只要双方愿意就可以发生性行为。对于性本身无可厚非,但作为大学生自身没有足够的能力担负起相应的经济责任和社会责任。婚前性行为可能会带来很多不良后果,如未婚先孕等,同时会给双方当事人带来一定的心理压力,一旦关系破裂,很可能会引起家庭和社会问题。

三、怎样保持性心理健康

大学生性心理的发展滞后于性生理的发展,又由于对性知识了解甚少,易引起生理的渴求和心理的压抑,导致心理困扰,出现消极的情绪甚至性心理障碍。因此,有必要对大学生进行性教育,培养其健康的性心理。

(一)学习科学的性知识

由于受到传统观念的影响,而且许多高校对于性教育几乎处于空白状态,大学生接触不到科学的性知识,因此容易形成错误的性观念、不良的性行为和性心理。当代大学生有必要全面正确地认识"性",以促进自身形成健康的性观念,预防在性心理、性行为等方面出现障碍。

(二)培养健康的人格

"性是人格的完成。"对待性的态度反映了一个人的人格成熟度。首先,当代大学生要在生理、心理、社会上全面认同自我的性别角色;学会欣赏和悦纳自己。此外,要培养自我良好的意志品质,虽然生理上的性欲望和性冲动不可抑制,但并非不能够控制和管理,对性冲动的管理和控制也是性心理健康的一种表现。

(三)合理的自我调节和宣泄

大学生处于性能量比较充沛的时期,需要对自己的性冲动进行合理的调节和宣泄,而不是一味地采取抑制的方式。大学生可以通过参加文体活动,将性能量转化为运动能量,也可以通过谈论性方面的话题或性幻想等方式来减缓性的压力,但要注意场合和对象,不能过分沉溺其中。同时避免观看影视、报纸或网络上的性信息以减少性刺激。

（四）正当地与异性交往

与异性之间适度的交往有利于破除对异性的无知和好奇，可以满足大学生性心理的需求，缓解其性心理压力。此外，还能增进对异性的了解，丰富情感体验、培养社交能力，保持心理平衡，也可以促进其个性的全面发展和健康人格的形成。

（五）学会性方面的自我保护

善于自我保护才能避免受到心理和生理上的伤害。大学生，尤其是女大学生要有自我保护意识，要做到自尊自爱，衣着打扮得体、举止端庄，尽量避免去危险的场合，晚上尽量不单独外出，不要在男性住所逗留过长时间。如果遭遇性骚扰，要向当地的公安部门寻求帮助，不要过分地恐惧和自责，同时可以向自己的父母、老师、知心朋友等宣泄自己的情绪。

（六）寻求心理咨询的帮助

性心理咨询是心理咨询人员运用性心理学知识和技巧，给需要咨询的当事人以启发、指导和帮助，增进当事人身心健康的过程。大学生在遇到性心理方面的问题时，可以寻求心理咨询人员的帮助以摆脱心理困扰。

思考题

1. 了解自己对爱情的认识，知道自己想要的爱情：理想爱情。
2. 澄清对爱情的认识，了解通往成功爱情的因素：思考爱情。
3. 学会如何主动追求爱情与如何面对拒绝，面对不适合的爱情又如何拒绝：请求与拒绝。
4. 案例分析

小张是一个22岁的蒙古族大二年级的女生。由于身材不太好，她有些自卑。她暗恋一个男生已经7年了。初三那年，男生常常晚自习后送她回家，陪她聊心事，有一次甚至因为给她过生日而逃课。她渐渐地对男生产生了朦胧的好感，但一直未说破。高考后，男生考上了当地的一所艺校，而她来到了南方。远隔千里，他们失去了联系。她在网上搜寻到了男生的联系方式，接下来便展开对男生疯狂的电话和短信攻势。此时男生已有了一个同班的女朋友。但她还是委婉地向男生表明了自己的心迹，却遭到男生的明确拒绝。之后，两人便很少联系。但她仍然无法控制对男生的想念，这种感情对她的生活和学习都造成了很大的困扰。

请思考：
(1) 请问小张在恋爱中遇到了什么困惑？
(2) 事件发生后，小张该怎么做？

第八章
网络与心理健康

学习目标
1. 了解网络及其特征;明晰大学生网络行为的心理需求。
2. 学会调适大学生的网络心理障碍。
3. 了解大学生网络成瘾的危害,并会制定相应的对策。

在北极圈里,北极熊是没有什么天敌的,而因纽特人却可以轻易地捕获它们。

因纽特人在对北极熊下手前,会先杀掉一只海豹,然后把它的血放入一只桶里,并在桶内插上一把双刃刀。

在寒冷的北极,双刃刀被冻结在顷刻凝固的海豹血中央,像一个大冰棒。

因纽特人把大冰棒从桶中倒出来丢在空无人烟的雪地里,北极熊生性嗜血如命,鼻子极灵,几千米以外的血腥味它们也一定闻得到。它们很快从远处赶来,开心地舔食冰海豹血。

当然它们不知道自己会为此而丧命。冷酷的冰会令它们的舌头麻痹,连被锋利的刀刃割破都感觉不到。

北极熊的血慢慢地流出,与海豹的血混在一起,湿湿的、腥腥的、甜甜的,北极熊会越舔越起劲,开心地享受着美味,丝毫没有觉察到正在舔自己的血。

最终,强大的北极熊因失血过多晕死过去,因纽特人则轻而易举地捕获了几乎没有人能打败的大家伙。

在网络世界里,有多少像北极熊一样的迷恋者,他们身陷其中,不能自拔,贪婪地享受着……

案例:

2001年,周剑以615分的高分考入武汉某大学,在对大学生活无所适从的时候,他接触到了网络,从此过起了"白天睡觉,晚上上网"的生活。结果由于多次旷课累计超过了学校规定的时限,2002年4月,大一还没读完的周剑就收到了学校的退学通知。

回家复习了一个多月后,周剑参加了人生中的第二次高考,并以628分重新考回武汉某大学。但令人遗憾的是,重返校园的周剑重演曾经的"白天睡觉,晚上上网"的生活。2003年上半年,周剑还没来得及等到期末考试,再次因"屡教不改"被学校勒令退学。

回家几个月后,周剑第三次参加高考,这一次他又以611的高分考上了华中科技大学,开始了他第三次读大一的经历。读到大三时,由于学分不够,周剑第三次收到退学通知。

2006年,周剑开始了他人生中第四次备战高考。这次高考,他又以614分的成绩再次被华中科技大学录取。学校让这位刚考上的新生直接入读大二。周剑搬回了当年同班同学的宿舍。每天在教室里,他要和比自己小好几岁的同学们一起上他曾经上过的课,回到宿舍里,他面对的全是昔日的同班同学,大家都已经是大四的人了,他却还在读大二。

问题:
1. 本应成为"天之骄子"的周剑为何会因为沉溺网络而断送自己的学业?
2. 遇到类似的情况,该如何解决呢?

第一节 互联网与大学生

名言哲语

世界经济学家说:"不管你现在做什么或有什么想法,你必须要迎接互联网,然后适应互联网,除此之外你别无选择。"

美国前总统克林顿说:"信息产业革命是人类有史以来最大的一次革命,也是人类几百年才有的一次机遇。"

联合国定义新世纪的文盲:不能识别现代社会符号的人,不能使用计算机进行学习、交流和管理的人,被认为是功能型文盲。

21世纪是信息社会,网络迅速发展和普及,迅速渗透到生活中能够想象的所有领域,使得网络不仅成为人们日常生活和工作中越来越重要的交往手段和通信媒介,而且深刻改变着人类社会的生产、生活和交往方式,改变着人们的思想、观念和精神世界,人类进入了网络时代。网络展现出的新颖、快捷、刺激、方便、超前等特点,迎合了大学生探索性、创造性强和接受新鲜事物快的特点,满足了大学生求新、求异的心理需要,大学生群体已成为中国网民最活跃的群体之一。网络是一把"双刃剑",网络在丰富大学生精神生活和交往空间、拓展大学生知识视野、促使大学生思维更加开放和现代化的同时,也带来了不容忽视的负面影响。

资料窗

中国互联网络信息中心（CNNIC）在2013年1月发布的《第31次中国互联网络发展状况统计报告》的数据显示，截至2012年12月底，我国网民规模达5.64亿，互联网普及率为42.1%。其中，在网民的年龄结构中，20~29岁的占整体的30.4%，在网民的学历结构中大学本科及以上的占11.3%，在网民的职业结构中学生所占比重远远超过其他职业，占整体的25.1%。对某大学256名大学生的问卷调查表明（杨研，2011），58.0%的大学生拥有个人电脑，53.0%的学生闲暇时的第一选择是上网，所有学生均有上网经历。33.8%的学生表示几乎天天上网，23.8%的学生表示经常上网，偶尔上网和几乎不上网的仅占14.6%和3.2%；63.0%的学生有博客，90.0%的学生参与QQ群。

大学生上网都做些什么呢？据2010年中国互联网络信息中心（CNNIC）公布的数据显示，网络应用在大学生网民中的普及率非常高，在信息获取项目中搜索引擎与网络新闻的大学生普及率分别为84.3%、88.9%；网络娱乐项目中网络音乐、网络视频、网络文学、网络游戏的普及率分别为94.6%、85.4%、53.8%、67.1%；交流沟通项目中拥有博客、即时通信、社交网站、电子邮件、论坛/BBS的普及率分别为76.3%、88.7%、60.7%、81.4%、50.4%；商务交易项目中网络购物、网上支付、网上银行的普及率分别为43.1%、40.1%、38.9%。

一、网络的特征

网络，即国际信息互联网，又称因特网（Internet），是指以接收、处理、储藏、传递全球信息资源为主要功能的国际网络。它是计算机之间进行信息交流和实现资源共享的最佳手段，被称为继报纸、广播、电视之后的第四大媒体。网络作为崭新的信息交流技术，具有与传统媒体不同的特征。

（一）快速性和丰富性

网络传播具有迅速、快捷、方便和"高保真"等优点，信息在上网的瞬间便可同步发送到所有用户的手中；网络更新速度快，实时更新，提高了信息的时效性。网络本身"接收的异步性"又方便用户随时随地接收，不受信息传播时间所限。同时，网络信息量大、内容丰富、形式多样，能够极大地满足我们的工作、学习、生活和各种信息获取的需要，足不出户便知天下事，大大提高了工作的效率。

（二）开放性与全球性

网络传播空间不分地域、没有疆界，信息资源可以共享，共享资源越多，开放性越高。网络使世界变成了地球村，真实的地理隔离不存在了，国界等限制也不存在了，用户可以上网全面了解世界各国、各民族、各种文化的各个方面,实现全球范围内的人类交往,体现了人与人之间"无限互联"和"无限交涉"。

(三)虚拟性和隐蔽性

网络虚拟性是指网络世界的存在形态是无形的,它以图像、声音、信息等电子文本作为自己的存在形式,在网络中人们可以用匿名或虚拟身份,就像比尔·盖茨的那个玩笑"在 Internet 上,没有人知道你是一条狗!"在网络上,并不存在现实世界中的身体属性、阶层属性以及地域属性,因此,可以不考虑自己的言论造成的后果,可以成为一个完全理想的自我,可以在很大程度上满足不同人的心理需求。

(四)交互性和平等性

网络信息传播是一种开放的互动式传播。传统媒体的传播方式通常是单向的,网络则可以是单向传播,也可以双向(编读之间)甚至多向(编读之间、读读之间)传播,实时沟通,实现互动,对信息内容也可以随时展开讨论,还可以举行网络会议。平等性体现在网上的信息不为某一个人独有,而是平等地属于每一个网民。任何人通过网络都可以任意交流,展示自己,不会受到现实社会的不公平对待和享用资源的不公等。互联网的这种彻底"民主",任何人可以按照自己的意愿说任何话,做任何事,而不需要承担自己的义务和责任。

(五)娱乐性和自由性

网络具有娱乐性特点,游戏、恋爱、交友、聊天等可以满足人的各种需要,带来精神上的刺激和享受,易于使人产生网络依赖。同时,网络的自由性,使得各种信息充斥网络,淫秽、色情、暴力、丑恶内容也在网上广为传播。

(六)个性化和非中心性

互联网以令人惊异的发展速度,把社会各部门、各行业乃至各国、各地区联成一个整体,形成了一个相对自由的"网络时空"。这个网络没有中心,信息在网络中能够自由地传播。从地理角度讲,Internet 覆盖整个地球表面,既没有明确的国界和地区界限,也没有开始和结束。在 Internet 上,权力、阶级、阶层甚至地理位置、国家、民族在网络中都失去了意义,每个网民都有可能成为中心,个体的个性意识逐渐增强。网络呈现出的分散性、自主性和隐蔽性等特点正是网民生活个性化的表现。在网上,每个网民的目的不同,需要各异。可以说,网络为人的个性发展提供了广阔的空间,使个体的创造性能够获得极大的张扬。

目前,许多学者注意到 Internet 是"没有法律、没有警察、没有国界和没有总统的全球性网络",信息安全方面让人担忧,网络犯罪现象频发。加强对大学生的教育引导,认识网络的利弊特征,可以有效降低网络这把"双刃剑"对大学生的伤害,学会正确使用网络,使网络成为促进大学生学习和发展的工具。

案例：

江城"顶级网虫"网吧"熬"战10年,重病缠身,返家7天去世。

2011年5月,楚天都市报报道天门市拖市镇妇女孙国香离家10年的儿子王刚找到了,他倒在武汉的一家网吧里,病很重。从小学到初中、高中,王刚都是村里最聪明的孩子,成绩优秀,活泼乖巧,最终考入了武汉某大学。二年级时,王刚沉迷网络游戏,发展到长期旷课的地步,多门功课不及格,2001年7月,大学四年学业结束,因多门功课不及格,王刚无法取得本科毕业证和学位证。回乡后不久,王刚返回武汉找工作,从此杳无音信。整整10年,王刚都是在网吧和游戏厅度过的。2011年5月8日当母亲在武汉岱家山医院见到了10年未见的儿子时,儿子已经病入膏肓。王刚经过医院诊断患有左侧自发性气胸、继发性肺结核、双肺损毁、结核性脑膜炎和肛周寒性脓肿等病症,情况极其危重。回家7日后不治身亡。

二、大学生网络行为的心理需求

(一)积极的心理需求

(1)求知、求新、求异的心理。大学生具有求知欲强、追求新颖和探索未知的心理特点。网络的高科技性、超时空性、自由性、开放性、仿真性与时尚性对大学生具有很强的吸引力。给大学生提供了一个超越时空与现实的广阔天地,加强了他们了解外界及与外界联系的渠道,激发他们学习、掌握网络知识和应用技能的欲望,通过网络以便捷的方式获取更多所需的知识。

(2)自由平等的参与意识与自我实现欲望。在网络的世界里,没有社会地位等级、富贵与贫穷之分,资源共享。这种平等自由的交流平台,适应了当代社会中追求自由、平等、尊重的大学生群体。在网络这个虚拟空间里,种种现实社会的限制都消失了,只要参与进来,任何人都是网络的"主人",都可以在网上按自己的意愿和口味虚拟社会,做自己想做的事。研究发现,经常上网的学生能从网络中感受到平等的社会支持和评价,在网络中体验和分享成功,展示抱负,能够将网络作为个人价值实现的平台。

(3)追求开放性和多元性的心理。网络是一个信息开放、文化多元、各种思想观念都可以在这里争鸣的空间,它与大学生的心理特点相契合,给大学生追求开放性和多元性的文化、观念提供了平台,能使大学生开阔视野,更多地了解和认识自己所生存的这个丰富多样的世界,满足了他们探索这个世界的需要。

(4)满足交往需求和寻求归属感的心理。大学生有较为强烈的交往意识,希望广交朋友,网络交互作用超越了真实社会中人际作用的时间和空间界限,网络空间为人们提供了各种各样的社交工具,如电子邮件、QQ、微信等,扩大了人际的交往。在网上,不同年龄、性别、不同爱好者都能找到自己喜欢的内容,结识自己愿意交往的人。在这个平台上,每个人几乎都可以找到一个让自己感觉情趣相投的地方。

(5) 网络心理空间的自由释放和情绪调节。在现实社会中,为获取社会的认同,大学生或多或少地压抑自我。而在隐蔽和虚拟的网络空间,大学生可以获得一种自我表露,通过释放压抑的真实自我,获得一种自我满足。同时,真实自我的表达和在交互作用中的倾诉可以释放不良情绪,起到调节情绪的作用。

(二) 消极的心理需求

(1) 猎奇心理。一部分大学生上网的目的是猎奇,即追寻一种在现实生活中难以了解,通过正当渠道难以获得的奇、特、艳的事物或信息,并借以获得感官刺激。他们往往会出于好奇或冲动的心理刻意去寻找一些色情、暴力、奇特的信息。几乎所有的学生都表示对芙蓉姐姐、凤姐、贾君鹏等现象比较了解;对于时下流行热词,如果和朋友聊天自己不知道,73%的人认为自己OUT(落伍)了,会立即去网上搜索。

(2) 反叛心理。越是为"主流"价值观、道德观所不容的东西,越是为主张特立独行的青少年网民所追捧。比如被网友誉为"极品乞丐""犀利哥",给人们潮流视觉眼前一亮,被网友开始追捧。从这里可以看出,他们颠覆审美主流与反叛的强烈诉求。他们标新立异,以恶搞为乐趣,越刁钻刺激越显得自己与众不同,愤世嫉俗。

(3) 低俗的娱乐心理。一些大学生感觉现实生活很空虚、很无趣,社会主流文化对他们吸引力不足,无聊成为他们上网的原因。而网络中各种各样恶搞、暴力、色情等形式多样的低俗娱乐内容,能夺人眼球,满足人在现实生活中压抑的本我的需要和欲望,有可能混乱大学生的是非观和正确的价值观,降低他们的情趣和社会道德责任感。

(4) 虚拟的自我实现心理。强烈的自我意识是大学生群体的一个显著特征,虚拟的网络可以成为大学生实现自我的一个理想王国。在网络上,大学生可以享受到网络特有的平等、自由、成功、刺激的感觉,学习与就业的压力、社会与家长的希望造成的心理上压抑与孤独,在网络上一扫而光;他们可以突破社会及他人对自己行为的框框与评价,轻松地实现从小梦想成为的侠客、富翁,可以模拟战争中指挥千军万马搏杀疆场。部分大学生上网玩游戏,只是为了在游戏获胜后有一种成就感。这是因为网络游戏能够部分满足他们的自我实现需要。

虚拟的自我实现心理还会导致一些不道德的行为甚至是犯罪行为。有些大学生不能很好地理解自我实现、自我价值的真实含义,往往意图在网络中"大展宏图",为了能展示自己的能力,他们大胆地制造网络病毒、盗用他人电脑信息、刺探他人隐私、非法通过银行信用卡盗窃和诈骗,给社会和他人带来严重的损失。如1999年4月,台湾地区一青年大学生,将自制的CIH病毒输入国际互联网络,造成全球3 000多万台电脑失灵。至今,CIH病毒每月26日还会在世界各地的计算机中发作一次,给全球造成的经济损失难以估量。

(5) 发泄心理。网络的"去抑制性效应"(discontent)会滋生无责任心理。这种无责任心理使得网民可以摘下面具,在互联网上,扮演任意你想成为的角色。坦然大胆地表露自我心态,展示自己的隐私,公开他人隐私,甚至通过谩骂、侮辱等方式发泄心中的郁闷,并以此减压,获得心灵上的慰藉。

(6) 逃避心理。很多大学生在生活学习中会遇到各种各样的困难和挫折,例如学习上的失败、爱情上的失恋、交友上的受挫等。一些大学生畏惧面对现实,不去解决问题,转而投向网络,在网络空间采取各种办法来转移和分散注意力,寻找平衡,网络成了他们逃避现实,寻求解脱的一条渠道。逃避本身无助于他们的成长和成熟。

(7)焦虑心理。一方面由于网络技术的迅速发展,使大学生担心自己的知识更新赶不上网络的发展,被新技术淘汰而产生心理焦虑;另一方面,网络通道拥挤,传输速度缓慢,网上人际关系的不确定性与隐匿性、内容庞杂无序、良莠不齐的内容等缺陷,使大学生上网者无所适从,连连"碰壁"之下产生焦虑心理。

网上获得的知识是一种"快餐文化"模式,网络技术的高速发展使得网络知识更具有高度的综合性、声像多维一体化和高度图像化等特点,单纯依赖网络来获取知识,结果将会造成人的思维能力、实践能力、表达能力、抽象能力和阅读能力下降,这对大学生的成长和能力的提升是非常不利的。互联网的虚拟性特征有可能造成青年的非人性化的倾向,一方面可能使青年人产生对整个人类和真实社会的冷漠,另一方面由于具有可视性、亲和感的人际交往机会大大减少,造成他们在人与人交往上的困难,产生紧张、孤僻、情感缺乏等症状。此外,直接的视频效果、信息的可复制性也会使大学生的想象能力削弱,批判性思维降低。

第二节 大学生网络心理障碍及其调适

一、正确认识网络

Internet 的出现,宣告着人类信息时代的真正到来。它消除了人类跨地域沟通的"时滞",拓展了人类的交往空间,深刻地改变着人与人、人与社会的关系,给人类带来了一个全新的时代,"在家办公"、网上学校、电子商场、电子银行等新生事物的出现,使人类的生活方式发生着深刻的变革。但是,互联网是一把双刃剑,网络世界既是一个充满自由、开放、平等的世界,也是一个充满着诱惑与陷阱的危险之地。对于大学生而言,应该看到网络只是一个工具,网络资源是人类社会不可缺少的财富,对网络的破坏与滥用就是对社会正常秩序的极大破坏,会危及我们每一个人;应该认清网络社会并非真实的社会,网上暂时的成功并非是真实的成功,虚拟的情感宣泄与满足也并非能得到真正的快乐,应该认清网络带来的并非是鲜花与美酒,也会给自己带来苦涩和恶果,迷恋上网而不能自拔,会严重影响自己的身心健康,越来越难以正确地认识自我和适应社会。因此,大学生只有对网络树立正确的认知,才有可能正确地面对网络,合理地使用网络资源,准确把握自我,认清自己的真实需要,处理好现实社会与虚拟社会的关系,避免网络心理问题的产生。

资料窗

网络心理健康的标准：
1. 要有正确的网络心理健康意识或观念。
2. 能够保持在线时和离线时的人格统一。
3. 有正常的人际交往。
4. 不因网络的使用而影响正常的学习和工作。
5. 不影响身体健康。

全国青少年网络信息公约：
1. 要善于网络学习，不浏览不良信息。
2. 要诚实友好交流，不侮辱欺骗他人。
3. 要增强保护意识，不随意约会网友。
4. 要维护网络安全，不破坏网络秩序。
5. 要益于身心健康，不沉迷虚拟世界。

二、学会自律

自律有两层含义：其一要体现出人格尊严和道德觉悟，而不是被内在本能和外在必然性所决定；其二要自我约束、自我控制、自我主宰。

在网络社会里，信息含量巨大，各种文化与价值理念交织，各种论断莫衷一是，各色诱惑比比皆是；同时，网络又是一个充满自由的社会，缺乏外在约束。面对这一虚实难辨、是非难断的多彩世界，大学生容易产生心理困惑与矛盾，导致各种各样网络心理问题。

过多地沉迷于网络既是对现实的一种逃避，一种退缩，也是一种社会责任感的淡化，它不仅不能真正地解决大学生正在面临的现实问题，当大学生从虚拟的网络中得到快乐而又迫切希望回到现实中来时，反而会更多地产生自我迷失、生活重心丧失、人际沟通障碍、理想破灭，出现心理行为问题，如冷漠与抑郁，甚至反社会的行为。

罗曼·罗兰曾说："最可怕的敌人，就是没有坚强的信念。"在缺乏他律的网络社会，自律的重要性与意义显得尤为突出。一个缺乏自律的人不可能是一个自尊自重的人，也不可能获得真正的自由和自我价值实现。大学生应学会自律，积极面对现实，适应社会，承担起社会的责任与应尽的义务。

故事点击

自己拯救自己

有一个穷人为农场主干活。有一次，穷人在擦桌子时不小心碰碎了农场主一只十分珍贵的花瓶。

农场主向穷人索赔，穷人赔不起，最后被逼无奈，求助于教堂的神父。神父说:"听说有一种能将破碎的花瓶粘起来的技术,你不如去学这种技术,只要将农场主的花瓶粘得完好如初,不就可以了?"

穷人听了直摇头,说:"哪里会有这样神奇的技术?将一个破碎的花瓶粘得完好如初,这是不可能的。"

神父说:"这样吧,教堂后面有个石壁,上帝就待在那里,只要你对着石壁大声说话,上帝就会答应你的。"

于是穷人来到石壁前,对石壁大声说:"上帝,请您帮助我,只要您能帮助我,我相信我能将花瓶粘好。"

话音刚落,上帝就回答了他:"能将花瓶粘好,能将花瓶粘好……"

穷人听后信心百倍,辞别神父,去学粘花瓶的技术去了。

一年以后,这个穷人通过认真学习和不懈努力,终于掌握了将花瓶粘得天衣无缝的本领。他真的将花瓶粘得完好,并还给了农场主。他要感谢上帝,神父就将他领到了那座石壁前,笑着对他说:"你不用感谢上帝,你要感谢就感谢你自己。其实,这里根本就没有上帝,这块石壁只不过是块回音壁,你所听到的上帝的声音,其实就是你自己的声音,你就是你自己的上帝。"

没有人能拯救你,除了自己拯救自己。

(一)控制上网时间,培养自制力

预防或戒除网瘾,很重要的是自己能科学合理安排上网时间和内容,尤其要为自己约法三章:一是控制上网时间,如每周上网不得多于2~3次;每次上网时间一般不超过2小时,且连续操作1小时后应休息15分钟。尤其是夜晚上网时间不能过长,要按时睡觉。二是限制上网内容。每次上网前,一定先明确上网的任务和目标,按需搜索点击,不迷恋网上游戏,杜绝上黄色网站。三是准时下网。上网之前,根据任务量限定上网时间,时间一到,马上下网,不找任何借口,不放纵自己。

(二)坚持"小步子"原则

戒除网瘾,坚持"小步子"原则,建立可行的计划和目标,循序渐进地减少上网的时间,寻求别人的支持和帮助很有必要,可以请同学、老师、朋友帮助监督自己克服网瘾问题。可先向他们讲明自己控制上网的计划,请他们监督;当取得一点小成功时,比如已经按计划实行一周,还可以对自己进行奖励或暗示,为自己加油。平时要多与同学在一起,一起上课学习,一起交流、活动,转移注意力,淡化网瘾。

(三)选择积极健康的生活方式,回归现实生活

大学生要为未来发展做好知识准备;积极参加学校组织的各种社团活动、文体活动及社会实践活动,培养和锻炼各方面的能力;培养多种兴趣和爱好,丰富自己的课余生活;学习人际交往的技巧,学会处理人际关系。总之,要有明确的生活目标和重点,把注意力从网络转移到现实生活,让自己的大学生活充实而有意义,这是摆脱网络成瘾最有力的

武器。

(四)转移注意力,增添情趣

在戒除某种习惯时,这种习惯仍有很大的诱惑力,这是正常的心理现象。有心理学家把这种情况比喻为冲浪者所面对的阵阵波浪。这种诱惑的"波浪"虽然会出现,但也会自行消退。在戒掉"网瘾"的一段时间内,个人的情感需要并未结束。此时,需要用一些新行为、新习惯来替代老习惯所产生的满足感。对于上网成瘾或者是正在戒网瘾的青少年,注意培养新的爱好和习惯,要多参加一些自己喜欢的有益的活动,多做一些自己感兴趣的事情,多与同学朋友交流,增添生活的情趣和乐趣,用自己的新行为和新习惯来代替上网习惯,冲破网瘾诱惑的阵阵波浪。

(五)正视生活中的挫折和困难,提高心理承受能力

在成长的过程中,不可避免地会遇到困难和挫折,逃入网络只能获得暂时的心理平衡,削弱自己直面现实、解决问题的能力。大学生要勇于面对生活中导致挫折感的具体问题,不畏惧、不逃避,通过克服困难、战胜挫折来磨砺自己,提高自己抗挫折的心理承受能力,促进自己的发展与成长。

(六)寻求心理咨询的帮助

当你自己无法解决上网成瘾问题时,一定要积极主动地寻求专业人员的帮助。

一是可以找心理咨询师进行个体咨询,心理咨询老师会帮助你走出上网成瘾的困扰。

二是可以参加团体心理训练,这是戒除网瘾的一种很有效的方法。团体训练是多种咨询理论的综合利用,通过丰富多彩的群体互动活动,对成员产生感染、促进和推动作用,帮助个体改变认知,改变心态,获得心理上的提升,同时学会制定自我管理的行为契约,根据目标行为完成与否进行正强化或负强化。这种相互监督的契约是对各自上网态度与行为的承诺,由于这一承诺是在群体中做出的,那么遵守它的动机与压力就强多了。因此,参加团体心理训练对于预防或戒除网瘾会有显著的效果。

三、团体心理辅导

团体心理辅导是由心理辅导者指导,借助团体的力量和各种个体心理辅导理论与技术,就团体成员面对的共性的心理问题与他们共同商讨,提供行为训练的机会,为团体成员提供心理帮助与指导,使每一位团体成员学会自助,从而解决团体成员共同的发展或共有的心理障碍,最终实现改善行为和发展人格的目的。

团体心理辅导把求询者放入辅导与治疗团体中,建构一个群体环境。在团体中,网络心理问题者发现自己的问题并不是独一无二的,团体中的其他人有着相似的忧虑,甚至比自己还要严重,有着许多相似的情绪体验,从而降低心理上担忧与焦虑程度。由于"同病相怜",他们的心理认同感很强,群体归属感增强,能感受到社会和心理的支持,服从群体的从众行为增加,群体的稳定性提高。在团体中,网络心理问题者在讨论交流等相互辅导

活动中意识到他们不论是在交流解决问题、探索个人价值、人格形成还是发现他们的共同的情绪体验上,同一团体的人都可以提供更多的观点,并分享团体中的共同资源。而且,在团体辅导的环境中,成员之间潜在地存在着情绪、态度和行为意向的互动、相互感染的群体氛围和群体压力,存在着成员之间的模仿与监督,这些有利于网络心理问题者健康心理的获得与稳固,有利于他们坚持行为的改善。更为重要的是,团体是社会的缩影或反射,是一个"微型社会",因而它为网络心理问题者提供了一个人际交往行为训练的练习场所。在团体相对安全的氛围里,网络心理问题者共有的或相似的情感、行为以及一些态度如对抗、恐惧、怀疑、孤立都可以被辨别出来并加以讨论;辅导师所提供的行为训练的理论与操作技巧指导可以在这里得到检验、反复练习和强化,这样健康的态度和行为更加容易习得和稳定下来,并在日常生活中运用。

团体辅导方式有师生辅导、成员互相辅导、讲座、小组讨论、行为示范等。网络心理问题的团体心理调适的内容至少要包括以下几个方面的内容。

一是缓解求询者的心理紧张和焦虑情绪,利用成员的相互介绍和成员共同参与度高的游戏活动转移他们对心理障碍的过度关注,放松心情,初步拉起一道心理安全网。

二是在此基础上,让成员讲述各自的成长经历,并做自我评价。其他成员获得"和别人一样的体验",产生情感与心灵的共鸣。

三是开展网上信息认识的讨论交流,引导他们正确评价网上信息,共同为提高自身的信息素养出谋划策。

四是展开网络与网络技术的研讨,使他们明了网络的两面性、技术中立性和网络技术的工具性。

五是运用"头脑风暴法"让求询者把网上人际交往与网下即现实中的人际交往的异同、在二者交往中的困顿一一列举出来,并进行归因。之后,再让全体成员倾诉各自在人际关系上的困惑,成员间互相辅导,帮助对方寻根究源,寻找人际关系改善的途径。

六是设定基本的人际交往的情境,辅导者做交往行为示范给求询者模仿学习。

七是小组讨论上网行为的自我管理,彼此订立互相监督上网的契约。

四、改善网络环境

随着计算机网络技术的不断发展更新,网络环境将会成为人们生存和发展环境的一个重要组成部分,人们将越来越难以离开网络。网络环境不仅造就人们崭新的学习和交流环境,而且会改变人,甚至改造人。良好的网络环境培育健全的人格,恶劣的网络环境造就有缺陷的人格。为了保障大学生网络心理的健康发展,还需要社会、学校等多方力量共同关注大学生的成长,优化网络环境,为大学生提供一个良好的发展平台。

首先,加快网络信息控制技术研究,净化网络信息。净化网络信息,必须对网络及网络信息进行有效的管理,从技术上解决网络管理的难题。网络信息的控制在于对信息的过滤、选择。通过对信息的过滤,净化信息,从技术上保证大学生免受互联网上非法内容的侵害,为网络心理健康发展提供技术保证。加强信息的控制还需要建立网络行为监督机制,将道德监督和法律约束机制引入电子空间,健全有关电子信息网络的法律规定,对违规者进行必要处罚。

其次,积极组织优秀传统文化与先进文化上网,这是优化网络环境的积极态度。随着国际互联网络的发展,全球化不可逆转的挺进,东西文化将出现全方位的巨大的碰撞、冲突、交流、消融和吸收,会对大学生原有的价值观念带来许多影响,使其出现认知偏差与心理矛盾。改革开放的中国,不仅要与世界进行经济与物质的双向交流,更要进行文化与精神的双向交流。只有用进步的思想与文化教育大学生网民,才有可能塑造出健康成长的大学生。

再次,适应网络时代特点,改进高校教育与管理。高校教育与管理工作的重点是培养大学生鉴别是非的能力,积极开展各种网络活动,自身装备"网络心理健康防火墙",使大学生自觉地维护和保护自己的身心健康。高校应该帮助建立各种团体,在学生参加团体织的活动过程中,满足他们被接纳、关爱和归属的需要。为了加强大学生的网络责任意识,高校还应制定学生上网行为规范及大学生上网违章行为处罚条例,加强法规制度的宣传教育,一旦发现网络违法行为则严加处罚。

最后,开展网上心理咨询。开展网络咨询应从以下各方面入手。可以利用网络快捷、保密性好、传播面广的优势,开设网上心理咨询:如设立心理咨询网站,传播心理知识,进行网上行为训练的指导,开设在线心理咨询。同时要开展大学生上网心理、网络人际交往、网络心理障碍、虚拟与现实的人际关系等问题的应用课题研究,寻找一套可操作的、有效性强的网络心理问题咨询治疗方案。

第三节 大学生网络成瘾的危害与对策

资料窗

青少年网瘾已经成为世界性的社会问题。

我国台湾发表的一份针对中学生和大学生的"网络成瘾"现象研究报告表明,上瘾的学生每周平均上网时间近20个小时。上网时间越长,沉迷网络的倾向越高,所出现的人际关系问题也越严重。他们通常无法有效控制和管理上网时间与金钱,一旦不上网便十分痛苦,而且也容易与父母、老师等关系破裂。

韩国是全球宽带普及率最高的国家之一。韩国计划在未来6年中将全国网络上瘾治疗中心的数量从现在的40所增加到100所,专门治疗网瘾的心理医生数量也将增加到1 000人。

网络游戏已经成为世界一大产业,一些年轻人沉迷于其中,因玩游戏丢了生命。

2005年8月,韩国一名28岁的李姓男子在大邱一家网吧玩了50个小时的模拟战争网络游戏。在游戏结束几分钟后,他因心脏功能衰竭而死亡。

2005年6月22日,俄罗斯一名12岁的超级电子游戏发烧友,因超负荷长时间"泡"在电脑屏幕前而突发中风,结束了自己年幼的生命。

2004年10月7日,中国一名在网吧内接连打了3天3夜游戏的小学生被母亲拉回家后竟然放火烧家、持刀欲砍亲人,变得六亲不认。

2002年4月17日,中国江西省南昌市一名沉迷网络游戏的高三学生,在网吧上网玩游戏时,因心理过度紧张、激动而猝死。

一、网络成瘾综合征的含义及表现

"网络成瘾"或"网络成瘾综合征",是指在无成瘾物质作用下的上网行为冲动失控,表现为过度使用互联网而导致个体明显的社会、心理功能损害。根据我国专家的探讨,制定了如下网瘾评判标准。在过去的12个月内,网民只要具备下列症状的三种以上,即判定该网民属于网瘾。

(1)耐受性增强。通常需要不断地增加上网时间,才能够达到同样的满意度。

(2)戒断症状。如果暂时中断上网(数天或数小时),就会出现明显的抑郁、烦躁不安、不可抑制地想尽快上网。

(3)上网次数和时间总是比预计的要多。

(4)多次计划缩短上网时间,但总以失败告终。

(5)因上网使自己在工作、家庭、社交或经济等方面受到严重影响。

(6)因亲友的抱怨而尽量隐瞒上网的种种行为。

(7)虽然意识到上网带来的严重问题,但继续在网上花费大量的时间。

网络成瘾的危害不可忽视,它会导致大学生身体、心理、社会的功能受损。

一项心理学研究表明,网络成瘾者与正常群体相比,表现出注意力不集中、不持久,记忆能力、思维能力、问题解决、推理决策的能力都有所下降,对学习逐渐产生厌烦感,对于上网的渴望逐渐加深,常为上网而逃课,导致学业的荒废。对大学生活中的各种活动漠不关心,进取意识减弱。随着在网上的时间不断延长,表现出情感的淡漠,性格孤僻,与周围同学关系紧张,他们的生活、学业、工作、人际交往能力下降。

二、网络成瘾综合征的诊断

匹兹堡大学的 Kimberly Young 最早对互联网成瘾现象进行了研究,她设计了下面八个问题,通过调查对象对这些问题的回答来判断其是否患有"网络成瘾综合征"。

(1)你是否着迷于互联网?

(2)为了达到满意你是否感觉需要延长上网时间?

(3)你是否经常不能控制自己上网、停止使用互联网?

(4)停止使用互联网的时候你是否感觉烦躁不安?

（5）每次在网上的时间是否比自己打算的要长？
（6）由于互联网，你的人际关系、工作、教育或者职业机会是否受到影响？
（7）你是否对家庭成员、治疗医生或其他人隐瞒了你对互联网着迷的程度？
（8）你是否把互联网当成了一种逃避问题或释放焦虑不安情绪的方式？

在上面八个问题中，如果被调查者对其中的五个问题的回答是肯定的，Kimberly Young 就断定他已经患上了网络成瘾综合征。

资料窗

Kimberly Young 对 600 名被试进行了调查，结果显示：600 名被试中，2/3 符合网络成瘾综合征标准。这些人平均每周花费在网上的时间为 38.5 小时，既不是为了参加网上的学术活动，也不是为了寻找一份满意的工作，与一周的工作时间基本一致，但只有 8% 的人是从事高新技术工作。

这项研究还表明，"依赖型"和"非依赖型"上网者的不同，并不是仅仅指网民每周上网的时间，更主要的是在网上利用时间的方式。在依赖型上网者中，35% 的时间用于聊天室，28% 的时间用于多用户互动游戏；而在非依赖型上网者中，55% 的时间用于接发电子邮件和万维网，24% 的时间用于查阅网上图书馆、下载软件等其他信息的收集上。

三、网络成瘾综合征的心理原因

为什么会有大学生迷恋网络严重危害身心健康而不可自拔？网络成瘾的原因很多，就其心理方面的原因来看有如下几点。

首先与成瘾者的心理状态有关，面对大学生活中的许多不如意，面对现实与梦想的冲突，他们缺乏正确的自我认知，找不到自己的位置和坐标，盲目寻求自己的精神寄托。而网络的互动性、挑战性、实时性、生动形象性、感官刺激性对大学生具有很大的吸引力，能够让人感受到友好、轻松和快乐。

其次，在现实生活中受到打击或者遭遇挫折时，他们的自我控制和调节能力较弱，而网络的理想化和成就感恰恰弥补了现实的缺憾。随着这些学生上网时间的增加和对现实的漠视，其精神世界得不到充实，对网络渴望进一步加重。过多地依赖网络，将使亲自阅读书本、亲身实践、面对面交流弱化。网上提供的知识有其局限性，往往都是结果，无法代替人们去思考和解决问题，加之与现实社会的脱节，人际交流的减少，必然造成思维的弱化、文化的落后、社会性情感的降低。当他们与现实社会难以相容时，会更多地迷恋于网络而不能自拔。

再次，与大学生的个性特质有关。台湾大学林以正教授在对网络成瘾的研究中指出：具有不同个人特质的网络使用者会受到不同的网络功能所吸引，会产生不同的网络成瘾形态，网络成瘾现象是由网络使用者的个人特质与网络功能相互作用的结果。根据对网络成瘾者的现实调查，大学生沉溺网络往往与以下个人的人格特点有关。

一是网络成瘾的大学生多数是因为个人管理和自我约束能力太差,一味地放纵自己;少数是因为个性孤僻,交友能力较差或不善于交际。

二是大学生正处于自我形象逐渐清晰的青春发育期,当出现自我设计的理想人生与社会现实难以一致的矛盾冲突时,往往难以摆脱因失意所带来的迷茫与烦恼,转而在网络环境寻找解脱。

三是自由的大学生活使他们有了更多安排学习和生活的自主权。而他们中大多数是独生子女,独立生活的能力较差,对如何合理地安排自己的行为和时间往往缺乏理性的选择和控制。

四是大学生是一群渴望了解世界、争强好胜、表现欲强、想象力丰富、追求刺激和挑战的群体,同步性的网上聊天、网络游戏、非同步性的BBS、网上大量的黄色信息等极大地满足了他们的自我表现、玩乐与猎奇心理,使他们沉湎在虚拟的网络世界里,成了网络的"俘虏"而无法解脱。

思考题

厦门某高校的大三学生小陈,自从和男朋友分手之后,为了不再想"他",开始疯狂地上网玩游戏,玩累了就在网吧里看电影,最高纪录是连续三天三夜只喝水不吃东西。当被家人送到医院时,昔日漂亮、健康、体重100多斤的她,却仅剩下50多斤,两只手臂瘦到只剩下皮包骨,成为一个现实版的"芦柴棒"。

请思考:

1. 网络能否真正解决小陈的问题?
2. 为什么很多同学在面临各方面的挫折和危机时,不是把网络作为排解压力的工具,而是利用网络这个虚幻的空间来逃避现实、沉迷其中?
3. 作为朋友你应该如何帮助这些因挫折或者危机陷入网络成瘾的同学?
4. 讨论如何能提高自我抗压能力。

第九章
心理危机应对与生命教育

学习目标
1. 掌握心理危机的概念。
2. 熟悉大学生心理危机的分类及表现。
3. 了解大学生心理危机干预的原则、对象、模式和步骤,且掌握干预策略。
4. 了解生命的含义与意义,做到学会感恩,珍爱生命。

生命对于任何物种来说都只有一次,不可复制,不能重来。正所谓生命诚可贵,我们不仅要珍爱自己的生命,还要善待别的生命。近年来,青少年自杀和伤害他人事件频发,反映出青少年学生心理危机应对的缺乏和对生命的漠视,更呼唤着对大学生的生命教育。

思考题
刚刚失恋的小明,难以接受被女友拒绝的事实,天天通宵上网,不回宿舍,不上课,回到宿舍就想通过喝酒来麻醉自己。他总是想不通,为什么他对女友全心全意,女友却不喜欢自己。每每想到这里,他就用刀划自己的手臂。当他看到自己一点点的血迹的时候,感觉自己好像得到了一点解脱,慢慢地他身上都是自己划伤的刀疤。
1. 小明现在遇到了什么心理危机?
2. 针对小明的情况如何进行心理危机干预?

第一节 心理危机概述

一、危机的概念与危机反应的阶段

危机这一概念被广泛应用在经济、政治、社会等很多领域,人们常说的经济危机、金融危机、政治危机、能源危机等。美国著名的《韦氏大词典》将"危机"定义为"决定性或至关紧要的时间阶段或事件"。我国《辞海》则认为"危机是一种紧急状态"。《现代汉语词典》的解释是,危机是指"危险的根由""严重困难的关头"。

危机是一个动态发展的过程,每个发展阶段各有不同特点,当事人会有不同的心理和行为表现。人们对危机的反应通常经历以下四个不同的阶段。

冲击期,发生在危机事件发生后不久或当时,感到震惊、恐慌、不知所措。

防御期,表现为想恢复心理上的平衡,控制焦虑和情绪紊乱,恢复受到损害的认识功能。

解决期,积极采取各种方法接受现实,寻求各种资源努力设法解决问题。焦虑减轻,自信增加,社会功能恢复。

成长期,经历了危机变得更成熟,获得应对危机的技巧。但也有人消极应对而出现种种心理不健康的行为。

二、心理危机

(一)心理危机的概念

心理危机是指由于突然遭受严重灾难、重大生活事件或精神压力,使生活状况发生明显的变化,尤其是出现了现有的生活条件和经验难以克服的困难,既不能回避,又无法用通常解决问题的方法来解决,以致当事人陷于痛苦、不安状态,常伴有绝望、麻木不仁、焦虑以及植物神经症状和行为障碍。

心理危机标志着一个人正在经历生命中的剧变和动荡,它会暂时地干扰或破坏一个人习以为常的生活模式。

心理危机的产生包含两个要素,一是诱发危机的某个生活事件;二是个体对自己应对该事件的能力的评估。一个人会不会产生心理危机,不仅取决于他正在经历或即将经历的基本供给的改变,重要的是取决于他对自己应对困难情境能力的评估。

(二)心理危机的分类

(1)发展性危机。发展性危机是指在发展的转变、过渡阶段所遇到的很多问题是前所未有的。如新生不适应、考试不理想、评优选干部落选。

(2)境遇性危机。境遇性危机包括交通意外、亲人死亡、家庭婚变、失恋、遭遇暴力伤害、自然灾害等。

(3)存在性危机。存在性危机是指突然发觉生活缺乏意义,失去人生价值。探索人生,探索自己发展,探索自己存在的意义和价值,这种思考肯定会有很多困扰。很多青年人有这样的想法:我存在的意义到底何在?

(4)内心危机。内心危机是指潜意识中固有的某种心理问题的爆发。

(三)心理危机的发展阶段

(1)个人遇到问题初期,内心平衡被打破,感到紧张,并试图用以往的策略加以缓解。

(2)以往的策略不奏效,陷入更深的困境,尝试用其他方式解决。

(3)经过尝试仍然无效,可能更为紧张,采取极端的行为。

(4)问题仍没得到解决,产生强烈的无助感,失去信心和希望,怀疑生命的价值,情绪调适失衡,危机出现。

第二节　大学生心理危机及其干预策略

一、大学生心理危机的分类

1. 人际交往危机

绝大多数大学生都是因高考成绩不理想而被迫上高职学校的,因而常常怀疑自己的能力,学校、社会和家长对其期望值又相对较低,自然导致他们产生自卑心理。而自卑会导致冷漠。曾有人说:"你离别人的距离有多远,别人离你就有多远。"一个自我封闭、心灵闭锁的人渴望被关注与爱,却不会人际交往,当面临危机的时候,缺乏一个强大的社会支持系统。因此,如何与人保持健康、良好的友谊,是每一个大学生需要学习与思考的。

2. 学习危机

一部分大学生表现为学习缺乏积极性,学习动力严重不足。其中一些学生进校后,认为以前学习太辛苦,现在要放松放松,导致学习缺乏动力。另外一些学生坚信社会上"任人唯亲""任人唯钱"的观念,不可避免地影响了学生学习的积极性。另一部分大学生表现为学习压力大,害怕失败。这部分学生大多因为高中时成绩优秀,因高考失利而被迫选择高职。因此,上学后希望自己学习一定要跑在前面,拒绝参加任何社团,只要考试失利,便不停抱怨自己,甚至导致学习、考试过于紧张,影响学业。如何平衡学习与生活、合理设定学习目标,从而有效学习,成为大学生需要不断适应的功课。

3. 情感危机

爱情是人类永恒的话题。在大学生中,追求异性,获得爱情,是每个青年成长过程中或多或少会遇到的问题。当我们自身不够成熟时,面对失恋、意外怀孕等困难就会手足无措。因此,确立健康的恋爱与性观念是大学生处理情感危机的必修课程。

4. 就业危机

大学生的"弱势文凭"导致就业难,性别歧视又会使高职女生就业难上加难。面对严峻的市场竞争,许多同学会感到恐慌。特别是当看到即将毕业的学长在求职过程中处处碰壁时,大学生易出现神经紧张、失眠、胸闷、心跳加剧等焦虑并发症。因此,如何进行生涯规划、有效利用环境与资源完善自身,从而正确面对就业,是每一个大学生需要去做的功课。

二、大学生心理危机的表现

缺乏自信,自卑,有的甚至悲观、绝望,这主要是生理和心理矛盾带来的危机;或极度的抑郁、孤僻和焦虑,怕与人交往,这主要是人际关系紧张带来的危机;或对社会、对他人、对一切的冷漠、消极、逆反、攻击,严重者一遇到某些想不开的事情,便会采取自杀等逃避手段。如市场经济激烈竞争下的就业压力带来的心理危机,性生理的成熟和性心理的不完善产生的危机等。

我们把大学生心理危机的现状归纳为认知、情感、行为、躯体四个方面。

1. 认知方面

身心沉浸于悲痛中,导致记忆和知觉改变,难以区分事物的异同,体验到的事物间的关系含糊不清,作决定和解决问题的能力受影响,有时害怕自己发狂。一旦危机解决可迅速恢复知觉。

2. 情感方面

当事人表现为高度的焦虑、紧张、丧失感、空虚感,且可伴随恐惧、愤怒、罪恶、烦恼、羞惭等。

3. 行为方面

不能专心学习或工作;回避他人或以特殊方式来孤立自己;令人生厌;与社会联系破坏,可能发生对自己或周围的破坏性行为;拒绝别人的帮助,认为接受帮助是软弱无力的表现;行为和思维情感不一致;出现过去没有的非典型行为。

4. 躯体方面

有失眠、头晕、食欲不振、胃部不适等症状。

当大学生出现两个或两个以上方面的表现,我们认为该学生出现了心理危机。

三、大学生心理危机的主要诱因

大学生心理危机的形成是很复杂的,它不是某一种原因和某一个心理问题一一对应的结果,其影响的因素是多样的。

1. 家庭问题造成的心理创伤

家庭问题是学生心理问题的主要根源之一。父母不和或离异,容易导致学生性格的畸形发展和心理创伤。

2. 就业竞争引发的心理危机

自从我国高校扩招后,大学生的就业竞争和压力空前增大,虽然大学毕业生数量大幅增长,但社会整体就业岗位没有明显增加。

3. 学业压力引发的心理危机

由于就业竞争的压力,导致大学生中的学业压力普遍比较严重,他们既要学习好专业知识,又要学习好英语,还要参加各种证书考试。

4. 由情感引起的心理危机

由于国家对在校大学生恋爱、结婚限制的解禁,当前大学生谈恋爱的现象越来越普遍,但大学生的身心发展还不成熟,由于缺乏经验,无法处理好复杂的情感纠葛和情感与学业的关系,一旦失恋往往引发心理危机。

5. 经济因素引起的心理危机

学费成为来自贫困地区学生的一个沉重的经济负担和心理负担,由此出现了贫困生的心理危机问题。学生的自卑和闭锁心理、嫉妒心理,学生间不良的人际关系,都将引发他们对社会的极度不满情绪,仇视同学、仇视社会。

6. 环境适应

在校大学生年龄为 18~22 岁,他们在生理上多已发育成熟,但其心理发展远没有成熟。

四、大学生心理危机干预

心理危机干预是指在心理学指导下对有心理危机的个体或群体的一种短期的帮助行为,其目的是及时对经历个人危机、处于困境或遭受挫折和将发生危险的对象提供支持和帮助,使之恢复心理平衡。它不同于一般的心理咨询和治疗,最突出的特点是及时性、迅速性,其有效的行动是成功的关键。高校应该建立全面的心理危机干预机制,尤其是预防性的危机干预机制,以便把问题消除在萌芽状态。

(一)大学生心理危机干预应遵循的原则

1. 预防与教育原则

有心理危机倾向的学生是有征兆和有规律可循的。高校首先应抓住新生入校时期,对学生进行心理健康教育,筛选出问题学生,早预防早干预。同时,在发挥预防功能中提高大学生的心理健康水平和应付能力以及帮助别人的能力,增加解决危机的资源和力量。

2. 及时性原则

心理危机的发生本身就是突发性的,所以在心理危机干预中时间最为关键。要做到及时发现、及时上报、及时干预与及时转介,要及时跟踪了解学生的各种思想动态和变化,根据需要,有针对性地提供辅导与帮助。

3. 价值中立原则

当大学生因学业受挫、恋爱失败、人际冲突等原因导致心理危机时,其原因与个人的人生观、价值观有非常密切的关系。在对大学生进行心理危机干预时,应遵循"价值中立"原则。

4. 宣泄原则

宣泄是指个体把可能引起心理危机的情绪或其他负向的心理能量及时排遣的过程。对现代大学生而言,尤其要有释放意识,通过心理健康教育,引导学生当出现心理危机时,当事人应及时向其所信任的人倾诉。

5. 持续性原则

心理危机干预的长期性与反复性。心理危机干预体系一定要避免"一次性"干预,由于心理危机具有一定的潜伏性,再加上如今大学生的心理复杂性与多样性,使得心理危机干预不可能一步到位。要将心理危机转变为帮助其迅速成长的教育契机,适时建立信息跟踪、定期回访制度,从根本上对学生的心理危机进行引导和干预。

(二)大学生心理危机干预的对象

并不是所有的心理问题都构成心理危机,心理危机的干预对象主要是存在心理危机倾向与处于心理危机状态的学生。这些同学一般表现为情绪剧烈波动或认知、躯体、行为等方面有较大改变,且用平常解决问题的方法无法应对。

存在下列情况之一的同学,往往是容易出现危机的高危人群,同学们需要高度关注,并及时采取相应措施:

(1)在心理健康测评中筛查出来的有严重心理问题或有自杀倾向的同学。

(2)环境适应困难的同学。

(3)遭遇重大生活挫折的同学,如失恋或亲人的突然丧失等。

(4)有明显人格缺陷的同学,比如严重自卑。

(5)学习压力大,且自身难于排解的同学。

(6)认为前途渺茫及对就业压力无法积极应对的同学。

(7)有自杀或伤害他人意念、行为的同学。

(8)家庭经济困难且性格内向,不主动寻求社会支持系统帮助的同学。

(9)有严重心理疾病的同学,如患有网瘾、抑郁症、躁狂症、恐惧症、强迫症、癔症等心理疾病的学生和精神分裂症治愈出院处于康复期的同学。

(10)重大危机的知情同学,比如自杀人员的室友。

（三）大学生心理危机干预的模式

从心理学角度看，危机干预有三种基本的模式。

第一，平衡模式。危机中的个体通常在情绪或心理方面失去了平衡，这导致原有的应付机制和解决问题的方法不能有效地处理危机。危机干预的目的就是帮助危机中的个体重新获得危机前的平衡状态。在危机的早期，个体通常感到无法控制事态，不能清楚地分析问题，做出适当的选择。此时可采用平衡模式，将主要精力集中在稳定个体的理智和情绪方面，重新达到某种程度的稳定。

第二，认知模式。认知模式认为危机产生于对事件及有关方面的错误思维，而不是事件本身。认知模式认为通过改变思维方式，特别是对认知中的非理性和自我否定部分进行重新认识，从而获得理性并强化思维中的理性和自强的成分，个体就能够获得对自己生活中危机的控制感。

第三，心理社会转变模式。这种模式认为人是遗传天赋和社会化的产物。人们总是在不断地变化、发展和成长，而他们生活的社会环境和社会影响也在不断地变化，危机可能与内部和外部（心理的、社会的或环境的）困难有关。心理社会转变模式强调的危机不单是由个体的内部状态引起的，危机的产生还涉及个体以外的各种环境因素，如同伴、家庭、职业、社区等。

（四）大学生心理危机干预的步骤

1. 确定问题

危机干预的第一步是确定问题。危机干预工作者应注意必须从求助者的角度，确定和理解求助者本人所认识的问题，这对于以后的整个危机干预工作的成败很关键。为了确定危机问题，主要采取倾听询问等技术，并注意向求助者表现出同情、理解、真诚、接纳和尊重的态度，和求助者建立良好的关系。

2. 保证求助者安全

在危机干预过程中，干预者应该将保证求助者的安全作为首要目标，这是至关重要的。无论是在检查评估过程中，还是在倾听询问阶段，或者是在制订行动策略阶段，安全问题都必须给以足够的关注，一时一刻都不能放松。

3. 提供支持

第三步要求危机干预工作者给予求助者足够的支持，与求助者沟通与交流，让求助者知道干预者是能够给予其关心帮助的人。

4. 提供应对方式

由于在危机中的求助者多数情况下处于思维不灵甚至混乱的状态，在这一步的工作中，干预者要帮助求助者认识到，有许多可变通的应对方式可供选择，可以从中找出最适当的选择，寻求最好的应对方式。

5. 制订具体计划

这一步是从第四步自然、有逻辑地发展而来的，危机干预工作者与求助者共同制订具体的行动计划来矫正其情绪的失衡状态。

6. 获得承诺

如果制订计划这一步完成得较好,得到求助者的承诺就比较容易。一般情况下,这一步做起来比较简单,干预者可让求助者复述一遍计划。

(五)大学生心理危机的干预策略

学者樊富珉(2003)认为,心理危机干预的目标有二:一是避免自伤或伤及他人;二是恢复心理平衡与动力。危机成功解决有三重意义:个体可以从中得到对现状的把握;对经历的危机事件重新认识;学到更好应对未来可能遇到的危机的策略与手段。危机干预的主要目标是让当事人学到对付困难和挫折的一般性方法。

1. 学校危机干预策略

心理危机干预在国外高校广泛应用,但我国高职学校对心理危机干预的开展和实施还很少。

(1)建立大学生危机干预中心。对于高校来讲,一方面要预防,做好大学生心理危机的预警工作,包括建立大学生心理档案,构建学生骨干、辅导员、专业心理人员三级预警网,做到及早发现、及早预防、及时疏导。另一方面要教育,教育的目的是增强大学生的心理素质,提高危机应对技巧、危机耐受力和危机免疫力,预防危机的发生。可以通过讲座、心理健康课、主题班会、团体活动等方式进行。大学生危机干预运行机制以干预中心为枢纽,系着校学生处、校医院、校保卫处、辅导员和个体社会支持系统,在校外,又与医疗服务机构、心理咨询机构、公安部门建立工作网。危急情况下,要确保各个点联系通畅,使危机中的个体得到及时的预警、帮助和干预。

(2)加强大学生心理危机干预的队伍建设。高校心理危机干预工作的队伍包括专职心理咨询师、学生辅导员、班主任、部分老师、校领导以及学生骨干等。其中,专职心理咨询师是危机干预工作的主力,负责处理当事人的整个心理辅导过程。辅导员和学生骨干是危机干预的重要力量,特别是在提供预警信息、急性危机的临时救助以及自杀预防等方面有不可替代的作用。因此对相关教师和学生关于危机与危机干预的基本知识、心理危机和自杀知识等相关专业方面的培训必不可少。

(3)利用各种形式开展危机干预。危机干预可以通过个别干预、团体干预、网络干预、谈话干预等方式开展,各种干预形式各有利弊,因此要有效结合,达到最佳效果。

2. 大学生自身危机干预策略

对于大学生自身来讲,个人的心理危机是一个不断积累的过程,就像房间的灰尘一样越积越多,最后不堪重负。所以像房间要随时清扫一样,我们的心灵也要不断地自我涤荡与反思,让阳光照进心灵中,温暖自己。

(1)正确认识自我,悦纳自我。具体方法如下:①认识自己,分析自己的优缺点,扬长避短。②不要和别人比,每个人都是独一无二的。③不要期待所有人都喜欢你,认可你,人无完人。④做错事不可避免,困难和责任是不能逃避的。⑤每天、每月、每年定期回顾自己的成就,建立一份信心档案。⑥为自己的成功,按由小到大建立自己喜欢的奖励机制。

(2)做情绪的主人。具体方法如下:①积极地自我暗示,默默地对自己说"冷静""理智""三思而后行"等。②深呼吸放松训练。通过意念让自己注意力集中在呼吸上,随着一呼一吸让全身放松,化解情绪。③合理地表达。如果感觉委屈、愤怒,不要一味地指责、谩骂,尽量平静地告诉对方:"你说的或许有道理,但这样让我很为难,很不舒服,能不能用别的办法或方式?"④娱乐或激烈的体育运动可以发泄情绪,比如唱歌、跑步、游泳等。

(3)学会应对压力和挫折。具体方法如下:①把自己遇到的压力写下来,仔细分析压力的来源和解决办法,这会帮助你厘清思路,从不同的角度看问题。②假设是别人,尤其是你崇拜的人,想想他们会怎么处理这种情况。③把你的问题讲给别人听,别人往往会帮助你从不同的角度来看待这个问题。④在一定的时间里,只做一件事情,否则,过大的压力会使你心力俱疲。

(4)提高自己的适应能力。具体方法如下:①与人相处时,偶尔也要退让,不过分纠缠小事。②对人要友善,你在别人生活中重要,自然也有人关心你。③在新的环境中学会观察和学习,以帮助自己适应环境。④向师兄学姐获取经验、教训。⑤多参加社团活动,多结交朋友,让自己有归属感。

(5)积极提升自己,达到自我成长。具体方法如下:①多读书,增加自己的阅历。②多参加活动,提高自己的能力。③让自己有个专门的时间独处,关心自己,爱自己。

(6)树立正确的人生观、价值观。具体方法如下:①多帮助别人,懂得感恩。"赠人玫瑰,手留余香",常常去做义工,或者主动帮助别人,能感受到自己存在的更多价值。②懂得求助,缓解危机。遇到困难觉得自己无法度过时,把担心告诉别人,家人、朋友、老师都是你的强大支撑。

第三节 大学生生命教育与感恩教育

一、生命的概述

提到生命,我们很多人会觉得很熟悉,人有生命,身边的小猫小狗有生命,门前的花草有生命,甚至细菌和病毒也有生命……

当要问什么是生命时,可能很多人马上会说活着的有生命。但要继续问,什么是活着的,活着的东西有什么本质特征时,我们马上就会觉得很困难,更不要说下一个准确的定义了,正因为如此,我们在讨论生命的意义之前,详细界定一下生命的含义就变得十分迫切了。

(一)生命的含义

生命泛指有机物和水构成的,一个或多个细胞组成的一类具有稳定的物质和能量代谢现象,能回应刺激、能进行自我复制(繁殖)的半开放物质系统。从这个定义来看,生命首先是由有机物和水构成的细胞组成的,非细胞物质无法构成生命;其次由细胞构成的生命具有稳定的物质和能量代谢特性。所谓物质和能量代谢,主要是指能够稳定地从外界获取物质和能量并将体内产生的废物和多余的热量排放到外界,这也就是我们所说的新陈代谢,只要生命的新陈代谢还在,我们就认为生命还存在,比如植物人,虽然意识和认知活动减弱甚至消失,但机体依然能够进行新陈代谢,所以依然活着;其三,生命具有自我复制的本性追求。不论是什么生命,从病毒和细菌的简单复制到人类的结婚生子,都是为了生命的复制和繁衍,这是生命的本质属性之一。

从这个定义来看,作为生命的这个特殊的半开放物质系统和其他物质系统相比较,它具有以下两大属性。

(1)任何一个生命系统存在之后,都会尽量维持新陈代谢活动的延续,换一句话说,就是任何生命都要想办法让自己活着,让自己活着是生命的本质属性,活着是生命的重大追求之一。

(2)任何生命都会进行自我复制,也就是把自己的生命用另外一种方式延续下去,也就是说,延续自己生命是任何生命体的第二大属性。

(二)生命的性质

1. 生命的存在性

存在性作为生命的特征包含两方面的含义。

第一,"这个存在者的存在总是我的存在",即生命具有个体性。任何生命都是独一无二,不可替代的。而且,正是生命独特的个性,赋予人的存在以独一无二的价值,使任何的存在都具有其合法性,在世界上具有不可替代的地位和作用。

第二,存在的本质在于"它的实在",即生命在其存在过程中获得的规定和本质。生命的实在性是其个体性决定的。因为,没有个性的生命只能是理性的抽象,不存在于现实世界,因而不具有实在性,且没有任何意义和价值。

2. 生命的有限性

生命的有限性表现为以下几个方面。

第一,"我们在现世的人生无论是什么样子,也无论它会延续多长时间,我们总是要背负着在时间中存在的重任",即生命具有时间性。而时间是不可逆转、不可重复的,它融会了过去、现在和未来,死是未来的一种方式。自我的存在从自我的存在那一刻起,就把这个方式接过来,因而生命有它自己的开始,也有自己的终结;而终结——死亡就是生命的限制,是生命"最本原的可能性"。

第二,生命处于变化的时间之流,因而,生命是不确定的。正是由于生命的不确定,决定了生命具有未完成性。人的历史没有一个完成的期限,人永远是可能性的存在。不论人的现在怎样,可能性永远高于现实性,人永远处于完成的过程之中。而且,无论人怎样去完成,愿望的实现一般来说都会留下一部分的不满足,且由于生命具有时间性,因此每个满足都有其暂时性,必定仍有可能性需要完成。可以说,生命是永远"未完成的",而"随着死亡,生命不仅没有穷尽它特有的种种可能性,反倒是被取走了这些可能性,因为

'未完成的生命'也因此而结束了"。

第三,生命的未完成性决定了生命是不完整的。不完整的生命要想在世界上立存,必然对周围的环境具有依赖性。因为"生命在现实中绝不可能仅只能服从于我们的支配能力。如果丧失周围世界对我们施加限制的无数要素;如果离开一切他人和他物,那我们也就丧失了活动空间"。首先生命依赖于自然环境。虽然面对自然,人可以毫无愧色地说,只有人才真正称得上"万物之灵",但是,自然界是人存在的基础,如果其他生物离开了我们,人类将因难耐的孤独而死去。人是自然存在物,同时,人也是社会存在物,人的本质在其现实性上是一切社会关系的总和。只有在社会中,只有在集体中,个人才能获得其全面发展的手段。总之,生命是互相依赖、互相依存的。任何生命都有其固有的局限性,只有借助于他物、他人才能达到个体生命的"完美"。

3. 生命的更新性

生命的更新性不是指人体不断进行的新陈代谢,也不是简单地指生命在变化的时间之流中的川流不息的更换过程,而是指人类生命所独具的创新性。生命的本质处于不断的生成和不断的建构中,生命有永远向着未来开放的可能性,生命的这种未完成性决定了生命具有更新性。

(三)人的生命的特征

1. 有限性

人作为生物的一部分,生命存在的时间有限,会因衰老、生病、自然灾害、意外事故等而终止。

2. 双重性

人作为肉体的存在物,受自然规律的制约,具有自然性。同时人作为精神的存在物,受道德规范的支配。人就是在生命的双重性中实现生命的价值。

3. 创造性

生命的意义在于运动,一旦静止就意味着死亡。在人的生命历程中,不同的生命内容体现着人的创造性,同时也决定了每个生命的独一无二。

4. 完整性

人的生命经历了出生、成长、成熟、繁衍、老化、死亡等不同形式,包括了所有的生命本质特征和毕生发展阶段的特点,形成了人生命的完整历程。

二、珍爱生命,活出精彩人生

珍爱生命不仅是个体生存的需要与权利,更是一种责任与共同生活的基本法则。珍爱生命,敢于探索人生的意义,竭尽全力实现生命的价值,去追求、去挑战、去打败苦难与挫折,去战胜厄运,努力活出精彩人生。

(一)什么是精彩人生

(1)生命的意义在于你的主观选择。生命之路汇集着你一次又一次的选择,就像你在雪地上留下的脚印,走出属于自己的道路。做出怎样的选择是个人的价值观在起主导作用。选择对生命珍惜和尊重,才能拥有精彩的人生。做一个对世界、社会、人类有奉献的人;做一个利他的人,人生就有意义,就是精彩的。

(2)人生要有梦想。什么是梦想?梦想是一种意识里的追求,它是动力的源泉。有时等于理想,有时又区别于理想。它是一种心理上的渴望,是期望达到的一种高度。梦想是人类对于美好事物的一种憧憬和渴望,梦想是人类最天真无邪、最美丽可爱的愿望。对于梦想的力量,教育家杜士扬老师这样赞叹:"梦想点燃了一个人生命的希望和热情,梦想催动了一个人奋起战斗的勇气和决心,梦想激扬着一个人无视眼前的任何困难,梦想鼓舞着一个人百折不挠,永不放弃!"有了梦想,人生才有目标,生命才有意义。人生发展具有选择性,只要你敢想,敢于有梦想,万事皆有可能。现在有的大学生把世俗的幸福和内心的宁静作为人生最大的追求,对"如何而生"的生存关心已超出对"为何而生"的价值关心,所以引导大学生主动探索生命的真谛和内在的幸福,建立明确和谐的人生目标,投身于实现目标的有价值感的活动,有助于提升生命价值感和幸福感。

(二)放飞梦想,把握命运

实现梦想,唤起每个人心中那无穷无尽的力量。要想成就自我,就要把握人生做自己的主人,要想成功必须坚持。

陈欧的广告词:"你只闻到我的香水,却没看到我的汗水;你有你的规则,我有我的选择;你否定我的现在,我决定我的未来;你嘲笑我一无所有不配去爱,我可怜你总是等待;你可以轻视我们的年轻,我们会证明这是谁的时代。梦想,是注定孤独的旅行,路上少不了质疑和嘲笑,但那又怎样?哪怕遍体鳞伤,也要活得漂亮。"

安东尼·罗宾(Anthony Robbins),在《唤醒心中的巨人》中说:"事实上,想要把握人生,就必须配以一以贯之的行动。一时的行动不足以影响人生,长期的坚持才是人生的根本。我们每个人都会有梦想,希望自己天赋异禀、有所作为,令人刮目相看,推动世界进步。也曾有一度,我们希望营造美好的人生,期待高贵品质的生活。然而有多少人,由于生活的挫折、日常的琐碎而不再努力去实现这些梦想。太多的人由于将梦想消弭于日常的无形,不再有梦想,不再试图去塑造人生、把握命运,这些人也就失去了成为强者的可能。"

三、正确面对死亡,学会感恩

所有人,无论是否愿意,都要面对和经历死亡。死亡是自然界的普遍规律,是任何人都无法避免的。对于活着的人来讲,死亡意味着消失,充满了不可知与恐惧的压力。心理学研究表明,儿童从五六岁就开始思考死亡,并表现出对死亡的不安。心理学家马斯洛在心脏病突发被抢救过来后说道:"面对死亡又暂从死亡中解脱,使世间的一切事物显得如此珍贵,如此神圣,如此美丽。我比任何时候都更强烈地热爱这一切,更渴望拥抱这一切,更情不可自禁地要投身于这一切……死亡及其突然降临的可能性,使我们更有可能去爱,去热烈地爱。"我们自己的生命是有限的,学会珍惜生命,爱自己,家人的生命也是有限的,学会感恩父母,感恩生命中的每一天。

思考题

(一)认识生命,认识自己

生命是奇特的,对于任何生物都是独一无二的,生命只有一次,假如你是其他生物,你会如何去欣赏自己呢?作为人,你又会如何认识自己呢?

1. 假如我是一种动物,我希望我是_____,因为_____;
2. 假如我是一种花,我希望我是_____,因为_____;
3. 假如我是一棵树,我希望我是_____,因为_____;
4. 假如我是一种食物,我希望我是_____,因为_____;
5. 假如我是一种交通工具,我希望我是_____,因为_____;
6. 假如我是一种电视节目,我希望我是_____,因为_____;
7. 假如我是一种电影,我希望我是_____,因为_____;
8. 假如我是一种乐器,我希望我是_____,因为_____;
9. 假如我是一种颜色,我希望我是_____,因为_____;
10. 现在我是一个人,我给自己在群体中的定位是_____,因为_____。

(二)案例分析

大学二年级学生李某,生活在一个相对稳定的家庭中。一天早上,母亲乘坐公交车上班,途中心脏病突发,被送到医院。当李某和父亲赶到医院时,母亲已进入急救室,一直昏迷不醒,几个小时后离开人世。李某当场昏倒,处于极度的悲伤之中。

1. 李某遇到了什么样的心理危机?
2. 如何进行心理危机干预?

参考文献

[1] 张小乔. 大学生心理咨询书信集[M]. 武汉:华中科技大学出版社,2004.
[2] 彭聃龄. 普通心理学[M]. 北京:北京师范大学出版社,2008.
[3] 黄玄清. 哈佛情商[M]. 北京:中国妇女出版社,2006.
[4] [美]库恩. 心理学导论:思想与行为的认识之路. 11版. [M]. 郑钢译. 北京:中国轻工业出版社,2010.
[5] Alfred Adler. 自卑与超越[M]. 顾天天,译. 重庆:重庆出版社,2011.
[6] 张加彬. 心理援助国:青少年心理危机应对方略[M]. 北京:中国商业出版社,2009.
[7] 张加彬. 心理援助:青少年心理危机应对方略[M]. 北京:中国商业出版社,2009.
[8] 吉红,王志峰. 大学生心理健康与调适[M]. 北京:中央编译出版社,2006.
[9] 伊·谢·科恩. 自我论:个人与自我意识[M]. 佟景韩,译. 北京:三联书店,1986.
[10] 李维,张诗忠. 心理健康百科全书·社会问题卷[M]. 上海:上海教育社,2004.
[11] 默里卡·帕德丝. 心灵导师·情绪管理全书[M]. 包黛莹,译. 北京:经济日报出版社,2003.
[12] 郭念锋. 心理咨询师(基础知识)[M]. 北京:民族出版社,2005.
[13] 柏格森. 形而上学导论[M]. 刘放桐,译. 北京:商务印书馆,1963.
[14] 王晋. 大学生心理健康[M]. 北京:北京大学出版社,2005.
[15] 张在均,邓卓明. 大学生心理健康教育[M]. 重庆:西南师范大学出版社,2004.
[16] 李蔚. 心理健康与教育[M]. 太原:山西教育出版社,2004.
[17] 马斯洛. 人性能达到的境界[M]. 林方,译. 昆明:云南人民出版社,1987.

小事拾遗：

学习感想：

  学习的过程是知识积累的过程，也是提升能力、稳步成长的阶梯，大家的注释、理解汇集成无限的缘分、友情和牵挂，请简单手记这一过程中的某些"小事"，再回首时定会有所发现、有所感悟！

学习的记忆

姓名：_____

本人于20____年____月至20____年____月参加了本课程的学习

[此处粘贴照片]

任课老师：_____　　_____　　班主任：_____

班长或学生干部：_____　　_____　　_____

我的教室（请手写同学的名字，标记我的座位以及前后左右相邻同学的座位）

II